Hundeglück muss man haben

Alle Abenteuer von Janne

Band I:
Biete Bruder! Suche Hund!
Gulliver TB 74353

Band II:
Hundeküsse, meine beste Freundin und ich
Gulliver TB 74432

Band III:
Hundeglück muss man haben
Gulliver TB 74530

MIX
Papier aus verantwortungsvollen Quellen
FSC® C008492
FSC www.fsc.org

www.beltz.de

Neue Rechtschreibung
Einband- und Innenillustrationen: Michael Bayer
Einbandgestaltung: Christina Hucke
Gesamtherstellung: Beltz Bad Langensalza GmbH, Bad Langensalza
Printed in Germany
ISBN 978-3-407-74530-9
1 2 3 4 5 19 18 17 16 15

Nikola Huppertz

HUNDEGLÜCK MUSS MAN HABEN

Mit Bildern von Michael Bayer

GULLIVER
von BELTZ & Gelberg

Für Magdalena und Ferdinand.
Liebe, Mama

1. Kapitel, in dem ich von einem Friedhof geweckt werde, Frau Jacobi aus ihren Vorräten schöpft und Papa keine Trauerphasen kennt

»Was denn für Kreuzchen schon wieder?« Durch die Küche stampfen energische Papaschritte und vermischen sich mit dem Gegurgel der Kaffeemaschine. »Das ist der Bergfriedhof.«

Ich stopfe mir einen Deckenzipfel ins linke Ohr, presse das rechte ins Kopfkissen und versuche, noch ein bisschen weiterzuschlummern.

»Und das Lilane da?«, höre ich Emil nur wenig gedämpft durch die Ohrverpfropfung fragen.

»Die Sternwarte, zum Kuckuck!« Wieder Papa, offenbar schon am frühen Morgen mit einem Stresspegel weit über Normalnull. »Du, ich versuch hier irgendwie, Frühstück zu machen. Kann jetzt vielleicht mal der Stadtplan vom Tisch?«

Unbestimmtes Emil-Gemaule, im Hintergrund Kühlschranktür-Aufreiß-Geschepper.

»Oha, habt ihr gestern Abend etwa die ganze …? Guck doch mal nach, ob Janne noch schläft, Emil!«

Schon gut, schon gut, ich bin ja schon wach. Und weil mir unter der hochgezogenen Decke heiß ist wie Bolle, entstöpsle ich mein Ohr wieder und strample mich frei. Montag, der zwölfte Juli. Der erste offizielle Ferientag, tatatataaa! Ich fische meinen arbeitslosen Wecker aus der Ritze zwischen Matratze und Wand und beginne zu rechnen, denn im Moment gehen bei mir alle Uhren venezolanisch.

»Jaaanne!«, trompetet Emil da, und obwohl Papa ihm ein strenges *Gucken, nicht brüllen!* hinterherzischt, kommt er lautstark ins Kinderzimmer getrampelt. »Schläfst du noch?«

»Ein Uhr dreiundvierzig, sieben Uhr dreiundvierzig, acht Uhr, äh ...«

»Viertel nach!« Emil streckt sein Handgelenk mit der quietschbunten Kinderuhr in die Luft. »Der große Zeiger ist fast auf der Drei.« Dann klettert er zu mir aufs Stockbett und schmeißt sich in meinen Arm, schwitzig und mit kitzelnden Haaren. »Ich kann jetzt Karten lesen.«

»Aha«, sage ich und versuche, meine Hand rauszuziehen.

»Das muss ich nämlich«, fährt Emil wichtigtuerisch fort und wühlt sich noch fester in meine Ellbogenbeuge. »Ein Geheimagent muss sich überall auskennen.«

»Is' klar.« Irgendwas fällt meinem kleinen Bruder immer ein mit seinem ewigen Agententick.

»Falls ich mal jemanden beschatten muss.«

»Mhm.« Ich zerre an meinem Arm.

»Oder verfolgen.«

»Hab's kapiert.« Mit einem Ruck befreie ich mich, und bevor Emil wieder gegenarbeiten kann, schwinge ich mich über ihn hinweg auf die Leiter.

»Du, Janne?«, fragt er, als ich schon fast unten bin, und plötzlich klingt seine Stimme ganz verändert. »Noch sechs Tage, bis Mama zurückkommt, oder?«

Einen Moment halte ich inne. »Jepp«, sage ich dann und gehe aufs Klo.

Fünf Minuten später ziehe ich fix und fertig angezogen die Wohnungstür hinter mir zu. War ja klar, dass Papa mich sofort einspannen würde.

»Janne, kannst du mal eben bei den Nachbarn fragen, ob uns jemand ein bisschen Milch leihen kann?«, war das Erste, was er heute zu mir gesagt hat.

Seit Mama auf Studienreise in Venezuela ist, höre ich andauernd dieses Janne-kannst-du-mal-eben. Also seit geschlagenen dreiundzwanzig Ta-

gen! Ein Segen, dass sie wenigstens noch an meinem zehnten Geburtstag da war, sonst hätte es womöglich geheißen: »Janne, kannst du mal eben deine Geschenke einpacken?« Weil, natürlich waren es auch diesmal lauter gewöhnliche, in Geschenkpapier eingewickelte Sachen: Bücher, ein Kapuzen-T-Shirt, Briefpapier, eine indianische Fransen-Umhängetasche und ein neuer Füller fürs Gymnasium demnächst. Dass ich jemals einen eigenen Hund kriege, glaub ich ja schon selbst nicht mehr. Obwohl Emil längst keinen Schiss mehr vor Hunden hat, und damit sind Mama und Papa mir früher immer gekommen. Jetzt heißt es nur, ich hab ja meine Tierheim-Kindergruppe, und das sollte in Sachen Hund doch wohl reichen. Als wäre ich nicht gerade deshalb in die Gruppe eingetreten, WEIL bei uns hundemäßig totale Ebbe ist!

Mit einem kleinen Seufzer stapfe ich in den ersten Stock runter und klingle bei Marc und Felix, mit denen haben wir von allen Nachbarn am meisten zu tun, da ist das Schnorren nicht so peinlich. Die beiden haben eh längst geblickt, dass wir die Chaosfamilie der Nation sind.

»Brötchen, Butter, Schinken, Eier, Shrimps?«,

begrüßt Felix mich auch prompt mit einem Zwinkern.

»Milch«, erwidere ich und grinse zu ihm hoch.

»Ausgerechnet!« Felix saugt die Luft zwischen den Zähnen ein. »Marc, haben wir noch Milch im Haus?«

In der Küche schmatzt der Kühlschrank auf. »Nur noch einen Rest H-Milch«, ruft Marc zurück. »Tut der's auch?«

»Ähm ...« Ohne dass ich es will, schüttelt es mich.

Felix lacht auf. »Ich glaub, Janne fragt lieber erst mal weiter«, meldet er. Und als ich schon fast wieder auf der Treppe bin, sagt er ganz nett: »Viel Glück und grüß mir Alexander und Emil. Und Sonja, wenn sie wieder mal anruft.«

»Bei der ist jetzt Nacht«, murmle ich. »Und Empfang hat sie auch dauernd keinen.« Dann schlappe ich runter ins Erdgeschoss zur alten Frau Jacobi. So wie die aussieht, ist sie essensmäßig wahrscheinlich üppig ausgestattet.

Und tatsächlich. Kaum hab ich meinen Spruch aufgesagt, verschwindet sie im Frühstücksfernsehgedudel ihrer Wohnung und schleppt im nächsten

Moment eine Packung Milch an. »Da hast du, Jannchen«, sagt sie ein bisschen schnaufend.

Unauffällig schiele ich aufs Haltbarkeitsdatum, bei alten Leuten weiß man ja nie, aber es ist zum Glück noch im grünen Bereich. »Danke schön«, sage ich. Und damit es höflich ist: »Ich bring Ihnen dann mal eine neue Packung vorbei.«

Frau Jacobi lächelt und steckt mir noch ein Eiskonfekt im blauen Alu-Hütchen zu. Widersprechen tut sie leider nicht.

»Irgendwas vor heute?«, fragt Papa mich beim Frühstück. Über seinem Milchkaffee scheint er sich ein klitzekleines bisschen entstresst zu haben, aber ich muss trotzdem gut aufpassen. Denn wenn er mir mit *Was vor?* kommt, dauert es nicht lange, und ich hab den nächsten Auftrag am Hals: Emil bespaßen oder einkaufen gehen oder womöglich die Küche machen. Und das Schlimme ist: Ich bin es selbst schuld!

»Versprich mir, dass du Papa ganz doll unterstützt, Hummel«, hat Mama gesagt, als wir sie zum Flughafen gebracht haben, und Papa hat dummerweise mitgekriegt, wie ich *Ja* geantwortet hab. Beim Verabschieden sagt man schließlich schnell was zu. Dass Mama es sich da ganz schön leicht gemacht hat, ist mir erst hinterher aufgegangen. Schick mit den Völkerkundeleuten von ihrer Uni nach Südamerika abhauen, um eingeborene Familien zu studieren, und ihre eigene Familie sitzen lassen. Nicht mal mit der Verkleidung für die Grundschul-Abschiedsfeier konnte sie mir mehr helfen, und Papa hat von so was keine Ahnung, der kann Kostüme höchstens auf dem PC simulieren. Hätte Philines Mutter mir nichts rausgesucht, hätte ich wahrscheinlich total belämmert ausgesehen. Dabei hatte die gerade ganz andere Sorgen.

»Ich muss dringend zu Philine«, sage ich kurz entschlossen. »Wegen ihrer Trauerphase.«

»Ihrer *was*?« Papa guckt mich belustigt an.

»Trau-er-pha-se.« Ich gucke böse zurück. »So heißt das!«

»Weil doch ihre alte Stinkdackelin totgegangen ist«, ruft Emil und versprüht dabei eine ganze Fontäne aus Toastkrümeln.

»Trinchen hat nicht gestunken«, sage ich wehmütig. »Die war mit Laila zusammen der niedlichste Hund der Welt.«

Aber Papa hat mal wieder kein Herz für Tiere und offenbar auch keins für Beste-Freundinnen-Kümmernisse. »Apropos Hund«, sagt er nur und trommelt mit den Fingern auf die Tischplatte. »Kann es zufällig sein, dass deine Jacke immer noch im Tierheim liegt, Janne?«

2. Kapitel, in dem es um verschiedene Gene geht, um Ein-oder-mein-Freund-Fragen und um einen Altpapiersack

Als ich zum zweiten Mal an diesem Tag die Treppe runterjuckle, ist meine Laune um mehrere Grade gestiegen. Papas Nachfrühstücksverdonnerung lautet nämlich: *Zackizack die Jacke holen!,* und das kommt mir ausnahmsweise mal gelegen. Obwohl ich mir natürlich anhören musste – ICH mir von IHM! –, dass ich wohl das Schussel-Gen trage und es eine traurige Meisterleistung ist, Woche für Woche superengagiert in der Tierheimgruppe für irgendwelche herrenlosen Köter zu sorgen und jedes Mal blindfischig an der eigenen Jacke vorbeizurennen.

»Und du hast voll das Macho-Gen!«, hab ich gerufen, denn spätestens jetzt hätte Mama ihn zurückgepfiffen, und eine muss es ja machen. »Es ist eine traurige Meisterleistung, seine Tochter von morgens bis abends rumzukommandieren.« Aber insgeheim hab ich mich schwer auf Laila gefreut, mein superoberknuddeliges Lieblings-Terrierfräulein, auf Alrun, Speedy und den Rest der Hunde-Runde. Die Tierheimgruppe macht ja jetzt Sommerpause, und ich muss jede Gelegenheit nutzen, um die Süßen in den Ferien oft genug betüddeln zu können.

»Na guuut«, hab ich darum großzügig eingelenkt, als Papa eine Augen-zum-Himmel-Grimasse geschnitten und mich noch mal *fußfällig* gebeten hat, meine Jacke vor dem sicheren Gestohlen- oder Gefressen- oder sonstigem Entsorgtwerden zu retten. »Dann geh ich aber am Nachmittag zu Philine!«

Und bevor er mir mit seinem albernen Fußgefalle auch noch Emil anhängen konnte, der schon samt Stadtplan und wildem Jackendieb-Verfolgungsgequassel angerückt kam, hab ich mir meine Tasche geschnappt und bin aus der Wohnung geschlüpft. Ohne Zähneputzen, jawohl.

Bloß EINER fehlt, damit es doch noch ein richtig guter erster Ferientag wird, und das ist Leander. Und ich finde, jetzt hab ich wenigstens mal *etwas* von Mamas Reise, weil sie sich vorher endlich ein neues Handy gekauft hat und ich ihr altes übernehmen durfte. Mit Leander telefoniere ich nämlich nicht so gern von zu Hause aus. Erstens muss ich mir dann ständig diese neugierigen Elternfragen anhören, von wegen, ob »der schnuffelige Krollekopf aus der Tierheimgruppe« eigentlich *mein* Freund ist oder *ein* Freund oder wowiewaswarum. Als könnte man das bei Leander so genau unterscheiden! Und zweitens klebt Emil jedes Mal an meinem Hosenbein und will mir das Telefon abluchsen, denn wenn es nach ihm ginge, wäre Leander sowieso und überhaupt *sein* Freund. Ziemlich nervig also.

Aber nun fische ich ungestört die Handysocke aus meiner Tasche, und als ich aus der Hintertür in den morgenwarmen Garten trete, breitet sich auch in meinem Bauch ein ganz sonniges Gefühl aus.

Nur leider läuft es doch nicht so richtig. Erst hab ich die Untermieterin von Leanders Mami an der Strippe, dann Mirjam selbst, und die muss Leander erst mal mit vielen *Guten Moooorgens* wachknuddeln, bis sie mich an ihn weiterreichen kann. Mannomannomann.

»Kommst du mit ins Tierheim?«, frage ich, als er sich endlich nach ausgiebigem Deckengeraschel meldet. »Meine Jacke abholen und unsere Hundis besuchen?«

»Hallo, Janne.« Leander gähnt mir ins Ohr. »Äh, ich bin noch im Schlafanzug.«

»Ja, und?«, sage ich ein bisschen verlegen. »Dann zieh dich halt an!« Wenn ich *er* wäre, hätte ich mir jetzt mindestens schon T-Shirt und Shorts rausgesucht. Beim Telefonieren.

»Und frühstücken muss ich auch noch.«

Vor die Bauchsonne schiebt sich eine Quellwolke. Besonders unternehmungslustig klingt Leander ja nicht.

»Mein Papi hat mich gestern erst so spät aus Berlin zurückgebracht«, fügt er hinzu. »Weißt du?«

Ich verkneife mir ein Seufzen, obwohl Leander mir ja gerade mal wieder eher wie *ein* Freund vorkommt als *mein* Freund. Rein theoretisch sind wir jetzt schon über ein halbes Jahr zusammen, und er hat immer noch nicht raus, wie es unter Verliebtenleuten zugeht. Aber Gejammer hilft da auch nicht weiter.

»Väter!«, sage ich stattdessen, um ihm trotz

Scheidungskind-Besuchswochenendmüdigkeit noch eine Anziehchance zu geben. »Papa kriegt im Moment auch nichts auf die Reihe. Seit Mama in Venezuela ist, ist er –« Ich verstumme. Da, wo der Gartenweg zur Straße abknickt, steht mit großen Ohren der komische Herr Kutschenreuter aus der Wohnung unterm Dach, und der hat auch so schon nicht die tollste Meinung von uns.

»Äh, Tag«, murmle ich.

Herr Kutschenreuter deutet auf einen blauen Müllsack, der einsam und verlassen auf dem Bürgersteig rumliegt.

»Das Altpapier war bereits Freitag

an der Reihe«, sagt er, und sein Schnauzer zuckt vorwurfsvoll auf und ab. »Dem Herrn Vater ist wohl wieder eine Verwechslung unterlaufen.«

»Janne?«, kommt es im nächsten Moment aus dem Handy, und ich weiß gar nicht, wo mir der Kopf steht. »Was, wolltest du sagen, ist mit Alexander?«

»Du, ich muss jetzt los«, sage ich. »Zum Tiiierheiiim!« Allerhöchste Verliebteleute-Drängelstufe.

»Ist gut«, sagt Leander. »Viel Spaß mit den Hunden!«

Nun seufze ich doch eine Runde. Dann stopfe ich das Handy in die Socke zurück, haste mit einem entschuldigenden *Ich kümmer mich drum!* an Herrn Kutschenreuter vorbei und schleppe den prall gefüllten Altpapiersack brav in unseren Keller runter. Aber ich merke schon, wie meine Laune wieder grummelig wird. Und als ich endlich in der Tram sitze und sie nach zwei Stationen in den düsteren Untergrund abtaucht, ist auch die Sonne in meinem Bauch hinter einer dichten Wolkenbank verschwunden.

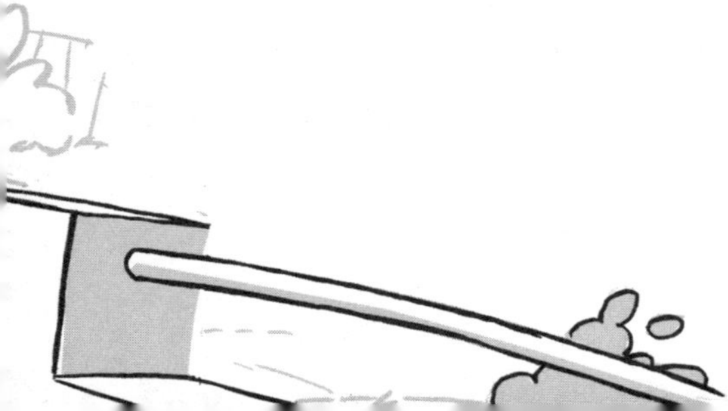

3. Kapitel, in dem Laila ihre verrückten fünf Minuten hat, sich ein Deko-Affe über mich lustig macht und ich mich in ein Ampelmännchen verwandle

Eine halbe Stunde später halte ich Laila auf dem Schoß, und bei ihr machen mir die heiß-kitzeligen Haare an meinen nackten Armen nicht die Bohne aus. Im Gegenteil.

»Wenn du wüsstest!« Ich lege meine Wange gegen ihren Kopf und knuddle ihr rechtes Knickohr durch.

Eigentlich hab ich den Praktikanten ja gefragt, ob ich ihm beim Zwingersaubermachen helfen soll, ich kann schließlich nicht einfach so *Hallo, hier bin ich!* in die Hundeanlage spazieren und anderen Leuten bei der Drecksarbeit zugucken. Der Zivi, den wir früher im Tierheim hatten, hätte mich auch garantiert beim Wort genommen und mir sofort Schrubber und Gartenschlauch in die Hand gedrückt. Der wusste schon, dass Leander und ich die absoluten Hunde-Spezis der Kindergruppe sind und Frau Reinke uns einfach alles über Hundepflege beigebracht hat – Dreckwegmachen eingeschlossen. Aber Ennis ist so ein verpeilter Schluffi, der kennt gerade mal meinen Namen und kommt wahrscheinlich nicht auf die Idee, eine Zehnjährige könnte beim Putzen weniger rummurksen als er selbst. Jedenfalls hat er mich einfach so *Lass gut sein!* zu Laila reinschlüpfen lassen, und das ist natürlich sehr viel praktischer. Kümmern ist ja genauso wichtig wie das ganze Sauberkeitsgedöns ... für Hunde, meine ich.

»Im Moment ist alles doof«, erzähle ich Laila darum und knete nun ausgiebig ihr linkes Stehohr durch.

Laila wühlt ihre Schnauze in meinen Bauch, und ich bin sicher, sie versteht jedes Wort.

»Erst fliegt Mama weg ...«

Mitfühlendes Geschnüffel an meinem T-Shirt.

»... dann stirbt Trinchen ...«

Feuchtes Hundenasengewische am Hals.

»... Philine ist todtraurig ...«, Schnaufgeschnober, »... Emil klebt wie Pattex an mir ...«, Pfotengestrampel, »... Papa ist ein alter Stinkstiefel ...«, Rappelgezappel, »... und bei Leander weiß ich auch nie – HEY!« Ich lache auf.

Laila, dieses raffinierte Weibsstück, ist mir von einer Sekunde auf die nächste vom Schoß gesprungen, hat sich durch die angelehnte Zwingertür gequetscht und wedelt mich von draußen auffordernd an. Und kaum bin ich hochgefahren, um sie wieder einzufangen, brechen ihre verrückten fünf Minuten aus und sie jagt wie ein weiß-braun-schwarzes Knäuel über die Freilaufwiese.

»Du überkandidelte Nudel!« Ich kichere und kichere, weil es mein erstes Lachen heute ist und sich so gut anfühlt.

»Keine Angst!«, ruft mir der Praktikant zu. Wahrscheinlich hält er Lachkoller von zehnjährigen

Mädchen für hysterische Anfälle. »Die will nur spielen.« Ach nee! So ein Schlaumeier! Aber weil er so freundlich zu mir rüberlächelt, verkneife ich mir einen Kommentar. Stattdessen hebe ich einen halb zerkauten Moosgummiball auf, und in der nächsten Sekunde stecke ich in einer hochwilden Toberei, die sämtliche Alles-ist-doof-Dinge in mir durcheinanderpurzeln lässt – rauf in die Wurfhände, runter in die Hüpfbeine, bis ich nur noch meinen Atem spüre, meine klatschenden Sandalen an den Fußsohlen und Lailas Fell, wenn sie meine Waden streift.

»Ach, du!«, japse ich, als ich schließlich bollerheiß und seitenstichig auf der Wiese liege und die

Nudel mir zärtlich übers Gesicht leckt. Dann rapple ich mich auf und lotse sie zu ihrem Zwinger zurück, den Ennis in der Zwischenzeit einigermaßen ordentlich ausgefegt hat.

»Nicht schlecht!« Er schiebt anerkennend die Unterlippe vor, als wäre er der Hundekenner in Person und ich ungefähr im Krabbelalter. »So was mag die. Kannst mal die Daumen drücken, dass alles glattgeht und sie diese Woche endlich aus ihrem Käfig rauskommt.«

Ich starre ihn an. Mein Herz, das sich gerade einigermaßen sortiert hatte, schlägt wieder wie wild. Und obwohl mir immer noch der Schweiß von der Stirn sifft, kriecht eine fröstelige Gänsehaut über meine Arme.

Der ganze Rückweg läuft wie ein Film an mir vorbei. Rein in den Bus, raus aus dem Bus, rein in die Tram, oberirdisch, unterirdisch, wieder oberirdisch, raus aus der Tram.

Immer wieder sehe ich mich in Frau Reinkes Büro tappen, »Hallo, Janne, nett, dass du vorbeischaust!«, ich sehe die Unterlagen auf ihrem Schreibtisch im Luftzug des Insel-mit-Palme-Ventilators flattern. Ich höre mich mindestens hundertmal stammeln: »Stimmt es, dass Laila …«, und ich höre zehntausendmal ihre Antwort: »Ja, für Laila sieht es gut aus.«

Für Laila sieht es gut aus.

»Oh!«, hab ich dazu nur rausgebracht, während sich die knatschgrünen Palmblätter immerzu im Kreis gedreht haben.

Frau Reinke hat irgendwas von »Feriennotstand« geseufzt und dass im Laufe einer Urlaubssaison für einen einzigen vermittelten Hund mindestens zehn neue reinkämen. »Du kannst auch in der Sommerpause jederzeit vorbeikommen und mit anfassen«, hat sie hinzugefügt. »Solche wie dich brauchen wir hier immer!«

»O.k.«, hab ich gemurmelt und mich rückwärts aus der Tür geschoben. »Dann bis dann.« Und der Deko-Affe auf der Ventilatorinsel hat mir ganz komisch nachgegrinst.

Grins, grins, grins.

Als ich in unseren Gartenweg einbiege, hört das Rückspulen-und-noch-mal-von-vorne-Abspielen endlich auf und es hämmert nur noch wie ein Echo meiner Tritte in mir: *meine Laila!*

Und auf einmal hab ich es eilig. Ich muss unbedingt auf jeden Fall absolut oberdringend mit Papa reden. Es kann doch nicht sein, dass ausgerechnet meine Laila … meine Laila …

Innerhalb einer Sekunde wechsle ich vom Schritt in den Galopp. Ich rase durch die Hintertür ins Haus, *dff, dff,* von oben kommt der Beat einer dieser CDs, die Papa im Moment ganz gerne mal aufdreht, *dff, dff,* meine Füße beaten mit: durchs Jacobi-Parterre, durch die Marc-und-Felix-Etage, *dff, dff,* immer zwei Stufen auf einmal …

»Das fällt zweifellos unter Lärmbelästigung.«

Oh nein! Ich mache eine Treppenabsatz-Vollbremsung. Nicht schon wieder!

»Ein Mietshaus verlangt Rücksichtnahme.« Herr Kutschenreuter kommt mir entgegengewippt, als hätte er nichts Besseres zu tun, als mir aufzulauern und sich über Papa zu beschweren. »Seit die Frau Mutter ihr Bündel geschnürt hat, wirkt der Herr Vater ein wenig indispo…«

»Sagen Sie das dem ›Herrn Vater‹ doch selbst, Mann!«, bricht es unfreundlich aus mir raus. Im nächsten Moment gebe ich wahrscheinlich ein erstklassiges Ampelmännchen ab, so schießt mir das

Blut in den Kopf. Doch es ist zu spät. Herr Kutschenreuter mustert mich von Kopf bis Fuß, dann drückt er auf unsere Klingel.

4. Kapitel, in dem es um Stirnfalten geht, um Jungs und Verliebtheiten und um Bikinis als Trauerbekleidung

Als Papa die Tür aufmacht, ballert uns die volle Ladung Musik entgegen. »Hups!«, sagt er zur Begrüßung. Den Rest versteht nur ein Lippenleser.

»Ich stell schon aus«, brülle ich und haste an ihm vorbei ins Wohnzimmer, wo ein riesenkrumpeliger Wäscheberg vom Couchtisch aufragt. Nur ein paar T-Shirts liegen fertig gefaltet auf der linken Sofalehne und auf der rechten drei Sortierstapel Unterhosen. Keine rosige Ausgangslage für ein Laila-Gespräch!

Ich schalte den CD-Player aus und lausche in den Flur.

»Jajaja«, sagt Papa gerade ziemlich hektisch. »Ist ja kein Grund zur Aufregung.«

»Und was das Fräulein Tochter betrifft ...«, diesmal die hohe Kutschenreuterstimme, die mich immer ein bisschen an Kermit den Frosch erinnert, »... hat sich empfindlich im Ton vergriffen.«

Schnell höre ich wieder weg. Heikle Zwischenlage, würde ich sagen. Sicherheitshalber bleibe ich im Wohnzimmer und lasse Papa die Beschwerdeattacke allein abwimmeln. Dafür suche ich alle Handtücher aus dem Wäschehaufen und lege sie *quer, längs, quer* zu quadratischen Frotteepaketen zusammen. Damit meine Finger was zu tun haben. Und weil nette Töchterlichkeiten gerade nicht schaden können.

»... verbleibe in bester Nachbarschaft«, höre ich Herrn Kutschenreuter beim fünften Handtuch quäken, und ich kann mir genau vorstellen, wie er Papa dabei mit seinem Stechblick aufspießt.

Danach Türenklappen und ein stöhnendes *Manchmal!*

Vorsichtig linse ich um die Ecke. Papa lehnt an der geschlossenen Wohnungstür und starrt vor sich hin, und als ich die steile Falte zwischen seinen Augenbrauen sehe, weiß ich, dass die Lage inzwischen ungünstiger als ungünstig ist. Aber was die Sache mit Laila betrifft, hab ich einfach keine Zeit zu verlieren. Ich muss sie nur möglichst harmlos einfädeln. »Krieg ich einen Hund?«, frage ich darum erst mal ganz allgemein, wie ich es schon zigtausend Mal getan hab, seit ich gelernt hab, »Wauwau« zu sagen.

Papa guckt mich an, als würden mir regenbogenbunte Blumen aus dem Kopf wachsen. »Und damit kommst du mir ausgerechnet JETZT?«

Ich suche nach einer geeigneten Überleitung, mit der ich mich geschickt zu Laila vorarbeiten kann, aber ich merke schon, dass Papa überhaupt keine Antwort hören will.

»Wo ist eigentlich deine Jacke?«, ruft er mitten in meine Gedanken hinein. »Sag bloß, die hast du wieder liegen lassen?«

Argh! Die Jacke! Die ewige, endlose Jacke! Als gäbe es nichts Wichtigeres auf der Welt.

»Nee, oder?« Papa verdreht die Augen. »Da fragt man sich schon, was du eigentlich die ganze Zeit gemacht hast. Abgesehen davon, unseren guten Herrn Kutschenreuter anzupflaumen!«

Allmählich werde ich ganz kribbelig, weil dieser Mann nichtsnichtsnichts kapiert. »Was ich gemacht hab?«, rufe ich. »Ich hab *dein* doofes Altpapier runtergeschleppt! Und mich wegen *deiner* doofen Musik anmeckern lassen! Und *deine* doofen Handtücher gefaltet!« Und ich will mich schleunigst ins Kinderzimmer verkrümeln, weil es überhaupt keinen Zweck hat, auch nur ein einziges Wort über Laila zu verlieren. Aber nach zwei Schritten bleibe ich wie festgewachsen stehen und zwinkere. Ich zwinkere noch mal. Und noch mal.

Aus dem Türspalt gucken dicht an dicht zwei Jungsköpfe hervor. Ein borstiger und ein gelockter.

Manchmal fass ich das Leben einfach nicht.

»Ich und Leander sind jetzt eine Geheimagenten-Kruh«, verkündet Emil, nachdem ich meine Füße entwurzelt und mich zu den beiden ins Zimmer geschoben hab. »Stimmt's?« Er hängt sich schwer an Leanders Arm. »Hast du gesagt. Richtig mit Durch-die-Stadt-fahren und so.«

»Mmmja«, sagt Leander, »hab ich gesagt.« Und er guckt mich mit seinen lieben Augen an, aber ich drehe mich schnell weg.

Ich meine, hallo?

Da liefere ich das volle Verliebteleute-Programm und lasse ihn sogar endpeinlich von Mirjam aus dem Bett schmusen und was macht er? Nicht etwa mit in *unser* Tierheim fahren, nee, nee! Er marschiert lieber zu *Emil*, um bei seinen albernen Agentenspielen mitzumachen. Ein-oder-mein-Freund-mäßig echt deprimierend. So langsam glaube ich, Jungs sind einfach zu kindisch für Verliebtheiten. Die denken wohl, da schreibt man mal ein Zettelchen mit ein bisschen Willst-du-mit-mir-gehen, und wenn das geklärt ist, läuft das Leben weiter wie bisher. Dann hocken sie wieder über ihren Tierlexika oder gehen am Wochenende mit ihren Papis in den Berliner Zoo, oder sie gründen eben ... eine Agenten-Crew.

»Kommst du mit, Janne?«

»Hm?« Ich wirble rum.

Didadüdadi, klingelt da auch noch das Telefon, und Emil reißt die Tür auf.

»Bisschen raus«, fährt Leander unbeirrt fort, und seine Augen sind so dunkelblau-grau dabei, dass ich ein ganz samtiges Gefühl in der Magengegend kriege, bevor ich wieder weggucken kann.

Didadü... Papa-Genuschel.

»Ist das Mama?«, brüllt Emil durch die ganze Wohnung.

»Draußen war ich schon«, sage ich leise zu Leander. »Mit Laila, dieser – *Glücksnudel.*« Und ich seufze bedeutungsvoll.

Im nächsten Moment taucht Papa im Zimmer auf und reicht mir den Apparat. »Philine«, brummelt er. »Ob du heute Zeit hast. Ich hab ihr gesagt, du wolltest sie sowieso besuchen.«

»Wieder nich' Mama«?, ruft Emil dazwischen.

Alter Schwede! Das geht mir jetzt alles etwas zu kreuz und quer. »Philine?« Ich laufe in die Küche rüber, um die Dinge irgendwie auseinanderzusortieren.

»Ich mache eine Gedenkfeier für Trinchen«, sagt sie dumpf. »Ab zwei, mit dir und Minu. Hast du schwarze Klamotten?«

»Nur die dunkle Jeans. Und puh!, bei der Hitze ...«

»Ich schwitz mir bestimmt auch einen ab in meinem langärmligen Konzertkleid. Aber eine Gedenkfeier geht ja wohl schlecht ohne Trauerkluft.«

»Die Yanomami-Frauen in Venezuela reiben sich bei ihren Totenritualen nur das Gesicht mit Asche ein«, kommt es mir sofort in den Sinn. »Sonst sind sie mehr oder weniger nackt.« Ich kann nichts dafür, bei einer Mutter, die Völkerkunde studiert!

»Krass«, sagt Philine. »Können wir ja vielleicht auch so machen. Aber ... mit Bikini.«

Ich muss grinsen, obwohl sich das bei so einem Anlass ja eigentlich nicht gehört. Dann allerdings fallen mir wieder die Kreuz- und Querungen ein, und mir vergeht das Lachen. »Du-hu?«, sage ich vorsichtig. »Können wir dabei nicht zufällig auch einen Mann gebrauchen?«

Einen Augenblick ist es still. »Wenn du einen ganz speziellen Mann meinst, der viel für Hunde übrig hat, ist das *zufällig* o.k.«, sagt Philine dann. »Aber nicht, wenn es um einen ganz speziellen anderen geht, der nur ausspionieren will, wie doll ich heule.«

Ich schicke Philine eine dicke Funkwellenumarmung und sprinte samt Telefon aus der Küche. »Leaaander«, rufe ich, »wir sind zu einem Dackelgedenken eingeladen!« Aber als ich ins Kinderzimmer platze, ist es so leer wie das Universum. Und wo ich auch sonst in der Wohnung nachgucke, die Jungs sind futsch und weg und gegangen. Nur Papa

entdecke ich mit seinen dicken Computerkopfhörern im Wohnzimmer, wo er sich wie ein ohrengeschützter Bergarbeiter durch den Wäschehaufen gräbt. »Ich glaub, ich komm doch lieber allein«, murmle ich in den Apparat.

»Reine Frauenfeiern sind sowieso die besten«, sagt Philine. Zu dumm, dass ich nicht in *sie* verknallt bin. Dann wäre die Sache mit der Liebe tausendmal einfacher.

5. Kapitel, in dem es ziemlich würdevoll zugeht und ziemlich hibbelig dazu und zum Schluss auch noch ziemlich nass

Als ich gerade auf die Klingel mit der schnörkeligen *Dorothee, Jochen & Philine Voigt*-Gravur drücken will, hält auf dem Parkstreifen hinter meinem Rücken ein Auto. Ich drehe mich um und sehe Minu aus dem blitzweißen Alfa Romeo ihrer Mutter klettern. Und obwohl sie eher eine Art Dreiecksfreundin ist und ich ohne Philine wahrscheinlich nicht so viel mit ihr zu tun hätte, bin ich froh, nicht ganz allein vor der Tür zu stehen. Denn seit ich bei Philine ein- und ausgehe – und das hat direkt an unserem allerersten Schultag angefangen, an dem wir in der überfüllten Aula einen kleinen Crash hatten und sie mich zwischen den vielen Füßen gefragt hat, ob wir beste Freundinnen sein wollen –, seit diesen uralten Zeiten also bin ich bei Voigts jedes Mal von Trinchens Freudenschwanzgewedel begrüßt worden.

Und natürlich von Philines Janni-Spezial-Gequietsche. Aber heute ist alles anders. Heute macht Jochen auf, der wedelt nicht und quietscht nicht, sondern schüttelt Minu und mir nur vornehm die Hand und wünscht uns einen »schönen guten Trauertag«. Und als Philine mit andächtiger Miene die Treppe runtergeschritten kommt, wird mir klar, dass dies hier wirklich eine tiefkummerige Totenfeier ist.

»Ich hab unseren Grill ausgekratzt«, sagt sie und hält mir ein Keramikschälchen unter die Nase. »Und nach deinen Indianern gegoogelt, Janni. Bei denen wird die Asche zum Bemalen mit Tränen angerührt, übelst ergreifend, oder?« Sie guckt mich mit blanken Augen an. »Also, Leute, wer weinen muss, hier rein!«

»Vielleicht spielen wir besser zuerst unsere ›Elegie‹?«, fragt Minu und macht ihr verlegenes Piepsmausgesicht. »Bevor wir noch die Instrumente schmutzig machen?«

»Das meine ich allerdings auch!« Hinter uns ist Dorothee mit einer Karaffe Limetten-Eistee aufgetaucht und manövriert uns alle miteinander ins Wohnzimmer. »Ich finde es übrigens eine ganz tolle Idee von dir, Minu, ein bisschen zu musizieren.«

Und das hätte mir eigentlich klar sein müssen. Philine und Minu sind nämlich voll die Musik-Queens und haben für jeden Anlass irgendein kompliziertes Stück auf Lager. Original Klassik. Wovon ich leider keinen blassen Schimmer hab.

»Jawohl, ist es auch«, sagt Philine mit belegter Stimme und stellt das Schälchen neben einen Strauß Edelblumen aufs Sideboard. »Dann lasst uns mal.« Und nachdem wir mit einem kleinen Eistee-Gedenktrunk angestoßen haben, packt sie ihr Cello aus, Minu setzt sich ans Klavier, und Dorothee, Jochen und ich sind das Publikum und nehmen unsere Plätze ein. Ohne Trinchen! Die hat sonst immer wie eine schnaufende Wärmflasche auf meinen Füßen gelegen, wenn ich auf Voigts cremefarbener Ledercouch gehockt hab. Aber es ist gar nicht nur sie, wegen der ich auf einmal dieses wehe Gefühl in der Brust kriege, als die »Elegie« mit ihren tiefen, langsamen Tönen in mich reinkriecht. Nein, es ist *Laila*. Und obwohl man mir das ja unmöglich ansehen kann, schäme ich mich vor Philine halb zu Tode. Ein glücklich vermitteltes Terrierfräulein ist schließlich nicht mit einer aus-und-zu-Ende-gelebten Dackeloma vergleichbar. Bloß ... unterm Strich kommt für diejenige, die den Hund am liebsten gehabt hat, genau dasselbe raus. Nämlich *nichts*.

»So schlimm?« Jochen blinzelt mir aufmunternd zu.

Ich versuche, aufgemuntert zurückzublinzeln, aber bestimmt sieht es nur wie eine komische Zuckung aus.

Oh, wenn jetzt doch wenigstens Leander da wäre und zur Abwechslung mal ein klitzekleines bisschen meine Hand halten würde.

Oder Mama.

Mama, Mama ... *Mama!*

Von einer Sekunde auf die nächste verwandelt sich das Brustgedrücke in einen wilden Entschluss. Mütter, die sich wochenlang ohne ihre Kinder in der Weltgeschichte rumtreiben, sind nämlich echt gute Schenkerinnen. Das konnte man bei Mama ja schon daran erkennen, dass sie mir das Handy spendiert hat. Und ich weiß eine, die ihr mit genau diesem Handy so lange nach Venezuela nachtelefonieren wird, bis sie erlaubt, dass *ich* Laila übernehme. Da kann Papa dann gar nicht mehr groß was dagegen sagen. Männer mit Macho-Gen sollte man sowieso nichts allein bestimmen lassen. Die können sich mal schön hinten anstellen. So!

»Schwarz wie der schwärzeste Tod«, sagt Philine düster, als wir uns zu dritt trauerbemalt und bikininackt vor dem Badezimmerspiegel betrachten. Mit Tränen haben wir die Asche zwar nicht verquirlt, weil sich nicht mal Philine welche auf Kommando rausquetschen konnte, aber stattdessen ein paar ordentliche Spritzer von Dorothees Parfüm benutzt. Wegen der Feierlichkeit. »Dann wollen wir mal zum Grabe schreiten.«

»Geht ruhig vor, ich muss noch mal eben«, sage ich wie nebenbei. Dabei bin ich insgeheim mehr als hibbelig, und kaum sind die anderen aus dem Bad, hab ich schon meine Handysocke aufgefriemelt. Der Ehrlichkeit halber setze ich mich aufs Klo, dann rufe ich ein-, zwei-, drei-, vier-, fünfmal Mamas Nummer an, aber nie kommt eine Verbindung zustande. Fix und alle drücke ich für meine drei Tropfen Pipi die Spülung.

Draußen im Garten schickt mich Dorothee nach ganz hinten, wo der Rasen aufhört und die Bepflanzung anfängt, und mitten zwischen den Rhododendren und anderem piksigen Strauchzeugs entdecke ich Philine und Minu. Vor ihren Füßen ist die Erde zu einem kleinen Hügel angehäuft und mit weißen

Steinchen geschmückt, und mitten drauf liegt eine hellgraue Fliese, auf die hat Philine mit Goldmarker geschrieben:

HIER RUHT
MEINE EWIG GELIEBTE DACKELIN
♥ TRINCHEN ♥

»Kann losgehen.« Ich reihe mich in die Trauergesellschaft ein, und weil meine Gedanken noch irgendwo auf dem Weg nach Venezuela rumschwirren, zerratsche ich mir ganz schön die Oberschenkel dabei.

Philine nickt und holt Luft. »Liebes Trinchen«, sagt sie. »Du bist jetzt schon eine Woche tot, und wir hoffen, dir ... dir geht's ... geht's einigermaßen ...«, sie verstummt, denn plötzlich kullern bei ihr ganz ohne Kommando die Tränen los und malen helle Traurigkeitslinien auf ihre schwarzen Wangen.

»Wir hoffen, du bist jetzt im Himmel und hast es schön«, kommt Minu ihr zu Hilfe und faltet ganz heilig die Hände. »Mit grünen Wiesen und vielen anderen Hunden und in Gottes herrlicher Herrlichkeit.« Dann schielt sie vorsichtig zu mir rüber, und das soll wohl heißen, jetzt bin ich dran.

Schwierig, schwierig! Ich für meinen Teil kann nämlich nie so recht glauben, dass tote Leute noch irgendwo anders hinkommen als in die Erde. Und ich darf gar nicht daran denken, was nun da unten mit Trinchen passiert! Angestrengt rufe ich mir ihre treuen Omaaugen in Erinnerung, ihren grauen Bart und ihre kurzkrummen Beine und sage: »Trinchen Voigt, du warst der süßeste –«, aber *holladipolla!*, da wirbelt durch meinen Kopf schon wieder eine gewisse Terriernu-

del mit linkem Steh- und rechtem Knickohr, und mir wird es ganz schwummerig. »Der süßeste *Dackel*, den es je gegeben hat ... und den es je geben wird.«

Andächtiges Schweigen.

Uff.

Ich atme tief durch, doch im nächsten Moment plätschert es hinter uns los, als wären wir in den venezolanischen Regenwald geraten. »Und jetzt wird hier sämtliche Asche abgewaschen«, ruft Dorothee. »Na los, ihr drei! Bewegt euch!« Und schon prasselt eine eiskalte Gartenschlauchdusche auf uns nieder.

Philine quiekt auf, wie sie es nicht mehr getan hat, seit sie mit der furchtbaren Todesnachricht in der Schule aufgekreuzt ist, und zerrt uns aus dem Beet. Aber ich muss während der gesamten Spritzattacke an das Handy in meiner Indianertasche denken, an Mama, an Laila und an Leander, diesen Dödel. Und sosehr ich mir heute Morgen gewünscht hab, aus unserer Stress-Bude raus- und trostfreundinnenmäßig hierher zu kommen, so verquer fühl ich mich jetzt dabei.

6. Kapitel, in dem ich unter Wartekrämpfen leide, unter den schrecklichsten Eltern des Universums und unter dem Alleinsein

Der Rest des Tages ist ein einziger Wartekrampf.

Meine Klo-Anruf-Versuche von Voigts aus muss ich ziemlich bald drangeben, weil Philine mich plötzlich fragt, ob ich von Eistee Dünnschiss kriege oder mir Trauerfeiern sonst wie auf den Magen schlagen.

»Nee, nee«, murmle ich verlegen. »Alles o.k.« Und ich trau mich nicht mal mehr, mein Handy auch nur anzugucken.

Grrrk!

Beim Nach-Hause-Gehen probiere ich es dafür derartig oft bei Mama, dass eher eine Art Nach-Hause-Stehen daraus wird. Doch der einzige Erfolg ist, dass Felix mich kurz vor unserer Straßenecke einholt und hochnotpeinlicherweise mitkriegt, wie ich gerade »Geh dran, geh dran« wimmere.

Grrrk! Chchch!

Und kaum hab ich die Wohnungstür aufgeschlossen, bricht der Macho-Stress über mich rein, und ich kann die Telefoniererei gleich vertagen. Oder besser: vernächtigen. Nicht nur, dass meine Jacke vorwurfsvoll an der Flurlampe baumelt und Papa, der Großmacho, mir eine ganze Janne-kannst-du-mal-eben-Salve entgegenfeuert. Nein, Emil, der Kleinmacho, muss mir auch noch den ganzen Abend unter die Nase reiben, was für eine tolle Crew Leander und er doch sind und wie toll sie zusammen ermittelt hätten.

Grrrk! Chchch! Huuuah!

Aber irgendwann, so gegen vier Uhr Venezuela Time – also halb elf –, als ich schon über eine Stunde in meinem sommernachtsheißen Hochbett rumliege und beinah den Rappel kriege, ist endlich Ruhe in der

Bude. Das ewige Geschniefel und Gewühle im Emil-Bett unter mir ist in ruhiges Atmen übergegangen und das dreimal ewige Gewusel und Gerumpel in der Wohnung mit einem Schlafzimmertürklappen verstummt. Ich zähle noch langsam bis zweihundertsiebenunddreißig, dann halte ich es nicht mehr aus und husche mit meinem Handy ins Wohnzimmer.

Und diesmal, oooh!, diesmal …

»Ja?«, meldet sich Mama ganz leise-rauschend zwischen lauter durcheinanderredenden Stimmen. »Bist du das so spät, Hummel? Na, du genießt ja deine Feri…« Schwups, schon ist sie wieder weg. Mein Herz setzt einen Schlag aus. Aber dann rast es doppeltschnell weiter, ich rufe noch mal an und –

»Janne?« Wieder die Rausche-Mama.

»Darf ich Laila haben?«, platze ich raus, ehe die Verbindung wieder aus dem Äther gekickt wird. Für taktisch geschickte Einleitungen bin ich sowieso viel zu fipsig. »Diesen Jack-Russel-Mischling aus dem Tierheim?«

»Äh«, sagt Mama verblüfft. »Du, ich komm gerade total geflasht von unserer Parima-Exkursion zurück und wollte mich eigentlich in Ruhe melden, wenn wir ...«, gefährliches Wackeln in der Leitung, »... geht's euch denn so? Alles in Ordnung zu Hause?«

»Bitte, Mama!« Ich hänge mich im Funkwellenklammergriff an sie dran. »Es ist ganz dringend. Laila ist DER Hund, verstehst du, und Frau Reinke hat gesagt –«

»Oho, Frau Reinke.« Mama lacht ein bisschen. »Hör mal, Hummel, es ist gerade echt nicht der Zeitpunkt ...«

»Bittebittebitte«, flehe ich. »Bitte sag Ja!«

»JAN-NE«, ruft Mama. »Jetzt lass mal die Bettel-Tour und erzähl lieber ein bisschen, bevor die Verbindung wieder absäuft. Was habt ihr denn heute so gemacht?«

Es ist, als hätte sie mich einfach abgeschüttelt und mit einem einzigen Knopfdruck zurück ins Wohnzimmer gefunkt. »Das interessiert dich doch eh nicht!«, rufe ich. »Ist dir doch ganz egal, was mit uns ist. Hauptsache, du hast Spaß in deinem Scheiß-Venezuela!«

»Geht's noch?«, kommt da Papas Stimme vom Flur her.

Schock!

Ich fahre herum, und schon steht Papa in Boxershorts vor mir und nimmt mir das Handy aus der Hand. »Sonja? Ja, sorry, ich ... hallo?« Er geht näher ans Fenster. »Was hat sie? Ich fass es nicht, hoffentlich ... Bitte? ... O.k., mach das. Bis später.« Dann drückt er die Auflegtaste und guckt mich aus schmalen Augen an. »Ehrlich, Janne! Ich fand's ja schon daneben, als du mir heute mit deinem neuesten Hundespleen gekommen bist. Aber Mama deswegen in achttausend Kilometern Entfernung die Hölle heißzumachen«, er schnaubt, »das ist echt das Allerletzte.«

»Erlaubt mir Laila doch einfach!«, rufe ich verzweifelt. »Dann muss ich das nicht.«

»Schluss, aus!« Papa schmeißt mein Handy auf die Couch. »Ich diskutiere hier nicht mitten in der Nacht über einen HUND. Du müsstest doch langsam mal merken, dass du damit bei uns auf Granit beißt.«

Bei uns auf Granit beißt ... bei uns auf Granit beißt ...

»Ich hasse dich«, stoße ich hervor. Und für den Fall, dass dieser Machomann es nicht richtig gehört hat, brülle ich gegen das eklige Heulgefühl in meinem Hals an: »Ich hasse dich, ich hasse dich, ich hasse dich!« Dann quetsche ich mich an Emil vorbei, der mit großen Augen in der Tür steht, und stürze aus dem Wohnzimmer.

Hinterher liege ich tief verkrochen in meiner Betthöhle und kann gar nicht so genau sagen, was Traum ist und was Wirklichkeit:

Emils müdes Rumgenöle im Flur.

Papa, der ins Kinderzimmer platzt und sich, *Echt toll gemacht, Janne!,* am Bücherregal zu schaffen macht.

Wie danach im grenzenlos fernen Schlafzimmer Pippi Langstrumpf ihren Vater Efraim auf der Taka-Tuka-Insel besucht, bis ihr Affe plötzlich grinsend eine Palme hochklettert, auf der Laila und Trinchen mit schwarz bemalten Hundeschnauzen Karussell fahren.

Dann das *Didadüdadi* und das barfüßige Kleine-

Jungs-Gerenne auf den Dielen. Langes Stimmengemurmel, durch das irgendwann Leander rückwärts über die Straßen auf Emils Stadtplan davonläuft und mir zuruft: »Mami hat mich noch nicht wachgeknuddelt!« Wieder Papa, der sich prüfend über mich beugt und brummt, Sonja ist am Telefon, ich soll mich mal *dringendst* bei ihr entschuldigen.

Das Zur-Wand-Drehen. Später schräg-leises Schlafliedgesumme hinter der Raufasertapete.

Mein Weinen.

Und die Stille.

7. Kapitel, in dem es um Männlichkeitspausen geht, um unnormale Normale und um Milchverarbeitungsverfahren

Mit dem Aufwachen bin ich wieder die Letzte. Auf meinem Wecker ist es zwar erst zwei Uhr achtundvierzig, aber ich muss gar nicht erst rechnen, um zu kapieren, dass der Tag schon in vollem Gange ist. Zimmersonnenhitzemäßig. Und was den Trubel auf der anderen Seite der Tür betrifft.

Einen Moment bleibe ich noch liegen und graule mich davor, auf der Bildfläche zu erscheinen.

Aber erstens muss ich aufs Klo. Zweitens bin ich ziemlich ausgehungert. Und drittens hab ich nicht vor, den ganzen Tag in diesem durchgedrehten Haushalt zu versumpfen. Nee, nee, ich muss unbedingt raus hier, irgendwohin, wo es einigermaßen normal zugeht und nett und vielleicht sogar ein klitzekleines bisschen kümmerig. Weil ich das gerade nämlich ganz gut gebrauchen kann.

Also gebe ich mir einen Ruck, runter vom Hochbett, Bauch rein, Brust raus, Tür auf uuund –

»Hi, Janne!«

Ich reiße die Augen auf.

Marc und Felix! In unserem Flur!

Zwei Normale.

Zwei Nette.

Zwei Kümmerige.

»Was macht ihr denn hier?«, frage ich.

»Deine Männer entführen«, sagt Marc trocken.

»Oh!« Ich horche auf die zahnputzgurgelwasserrauschig-rasierapparatbrummende Papa-Emil-Diskussion, die aufgeregt aus dem Bad zu uns rüberschwirrt, und gucke ihn fragend an.

»Jetzt mach dir mal nicht zu große Hoffnungen, Herzchen!« Marc wischt sich die Haare aus der Stirn. »Nur zum Frühstück.«

Felix nickt bekräftigend. »Heute Nacht hatten wir nämlich so eine Eingebung von oben –«, er plinkert mir zu, »dass ein kleiner Herrentreff vielleicht mal eine nette Abwechslung für Alexander wäre. Und du kannst ja sicher auch mal ein Päuschen von der geballten Männlichkeit um dich rum gebrauchen, was?«

»Allerdings«, sage ich. »Von den ganzen Machos hier.«

»Machos?« Marc zieht die Augenbrauen hoch und guckt sich suchend um. »Meint sie uns, Felix?«

»Euch doch nicht!«, rufe ich eilig. »Ihr seid, äh … Ausnahmemänner«, und Felix grinst zufrieden.

Dann aber kommt Emil zahnpastabesudelt in den Flur gestampft und baut sich vor uns auf. »Ich hab keine Zeit, stundenlang woanders rumzufrühstücken«, mault er. »Schließlich bin ich Agent und hab meine Missionen. Janne weiß das schon.«

Ich stoßseufze. »Solche hab ich gemeint, Marc. Die nachts ins Papabett kriechen und tagsüber großkotzig sind.«

Marc winkt ab und geht in die Hocke. »Lass den Banditen ruhig mal'n bisschen Vorsprung«, raunt er Emil zu. »Sonst gibt's hinterher nix mehr für dich zu tun.«

Guter Plan. Nur leider geht er nicht auf.

»Ä-äh, gibt's für Geheimagenten immer!«, ruft Emil ihm ins Gesicht. »Zumindest für welche wie mich.« Dann schnappt er sich den Stadtplan von der Kommode und schüttelt ihn ein, zwei Meter auseinander.

»Wow.« Felix beugt sich mit bewundernder Miene über Emils Schulter und lotst ihn dabei unauffällig in Richtung Tür. »Du, da fällt mir ein, ich hab noch so 'ne alte Digitalknipse. Falls du die irgendwie gebrauchen kannst …«

Das wirkt. Ssst!, steht Emil in den Startlöchern. »Beeil dich gefälligst mal, Papa«, ruft er und wickelt den Stadtplan auf, als wäre er eine auseinandergekullerte Klopapierrolle. »Erst willst du unbedingt, dass ich Zähne putze und mitkomme, und dann bummelst du.«

Aber da kommt Papa ohnehin schon aus dem Bad geschlurft und guckt aus schattigen Augen zu mir rüber. »Moagn«, sagt er mit einer Stimme, die klingt, als hätte er über Nacht seine gesamten Zigarettenvorräte verbraten. »Frühstückskram ist noch im Kühlschrank und saubere Klamotten im Wäschekorb. Du weißt ja hoffentlich, dass Mama noch schläft?!«

Ich presse die Lippen zusammen und dreh mich weg.

Und solche!, sagt mein Blick zu Marc, doch der ist irgendwie hinter seinen Ponyfransen verschwunden und scheint sich nicht länger für Machofragen zu interessieren.

»Ja, also«, sagt er nur noch, »mach's gut, Herzchen!«

»Bis dann«, kratzt Papas Bass.

Im nächsten Augenblick klappt die Wohnungstür zu, und ich starre ins Leere.

Im übernächsten Augenblick allerdings klingelt es,

und nachdem ich mich durch den Spion abgesichert hab, dass Emil es sich nicht doch anders überlegt hat oder Papa mir noch irgendeinen Blödspruch an den Kopf schmettern will, drücke ich auf den Türöffner. Wahrscheinlich der Briefträger. Oder der Werbefritze. Ich muss mir gar nicht einbilden, es könnte jemand wie Leander sein ... oder Philine ... meinetwegen mit Minu ... oh, bitte Leander, Leander, Le...

»...aaaaander!«, höre ich Emil da begeistert brüllen, und als ich die Wohnungstür aufreiße, spüre ich, wie das ganze Treppenhaus unter seinem Getrampel bebt. »Felix schenkt mir einen Fotoapparat, gut, was?«

Dann Stimmensalat, große Schritte, kleine Schritte und mein Herz, das laut in meinen Ohren bollert.

Leander ist gekommen! Ganz mein-Freund-mäßig von selbst. Und Papa und Emil sind gerade auf dem Abzug. Jetzt muss alles gut werden, es muss!

Ich lehne mich an den Türrahmen und warte darauf, dass unter mir ein Lockenkopf auftaucht und Leander mir mit seinen samtweichen Dunkelaugen entgegenschaut. Fürs Erste aber hastet Herr Kutschenreuter mit ziemlich ruhegestörtem Gesicht aus dem Dritten runter. Und ehe ich mir noch was Unangenehmes wegen heute Nacht anhören muss, gleite ich in die Wohnung zurück und nutze die Gelegenheit, um ratzfatz pullern zu gehen. Aber nach einem absolut rekordverdächtigen Hochgeschwindigkeitspipi stehe ich wieder vor der Tür und lauere durch den Spion. Ich stehe und stehe, bis es mir zu doof wird und ich mich aus der Wohnung schiebe. Und da ...

Nee, oder? Ich beuge mich übers Geländer und lausche.

Das Treppenhaus ist wie leer gefegt.

Kein Leander.

Kein nix.

Es ist, als würde ich untertauchen, in die tiefsten Tiefen, wo es ganz still ist und dunkel. Aber dann fängt es in mir an zu kribbeln, ich schnappe nach Luft und stampfe fuchsteufelswild in die Wohnung zurück.

Warum sollte Leander sich auch die Mühe machen und zu mir hochkommen, wenn Emil ihm schon fröhlich entgegenspringt? Ist ja viel praktischer, direkt und auf der Stelle mit den Kindereien loszulegen. Agenten-Crew spielen und dergleichen. Mit Digitalknipse.

Paff!, die Küchentür plauzt hinter mir zu.

Jetzt hab ich wenigstens das geplante Männlichkeitspäuschen, perfektomat. Was soll ich da auch mit dieser Verliebteleute-Lusche?

Klirr!, der Kühlschrank fliegt auf.

Kloing!, die Butter steht auf dem Tisch.

Wobb!, die halbleere Milchpackung auch.

Dann lasse ich mich auf einen Stuhl fallen und kneife meine brennenden Augen zu.

Eigentlich wollte ich ja eh nicht zu Hause bleiben. Ich wollte ganz woanders hin und es nett haben und tröstlich. Ich ... verdammt!, ich hab nur keinen Schimmer, wo. Im Moment geht es ja sogar bei den Normalen voll unnormal zu:

Philine braucht Trauerschonung.

Womit auch dreieckstechnisch Minu wegfällt.

Frau Reinke vermittelt meine Lieblingsnudel.

Marc und Felix kümmern sich um PAPA!

Und nicht mal in die Schule kann ich gehen, weil ja leider Ferien sind und mit dem Grundschulgekuschel sowieso Schluss ist.

Ich blinzle angestrengt. Dabei lese ich durch die

Wimpern: *Homogenisiert, Pasteurisiert, 3,5% Fett*

Und mit einem Mal weiß ich es.

8. Kapitel, in dem ich eine lehrreiche Fernsehserie sehe, wie Sprudel blubbere und profimäßig koche

»Ach, Jannchen, du bist das!«, sagt Frau Jacobi, als sie mir eine halbe Stunde später die Tür aufmacht. In ihrem Flur ist es schummerig mit bläulichem Fernsehgeflacker auf dem abgetretenen Läufer. Anscheinend hat sie versucht, mit all ihren bauschigen Vorhängen den Sommer auszusperren, aber auf ihrer Stirn und Oberlippe glitzert trotzdem ein ganzes Netz aus feinwinzigen Schweißtröpfchen.

»Äh, hallo.« Ich bleibe höflich vor der Fußmatte stehen, wie man es eben so macht, wenn man unangekündigt bei alten Leuten aufkreuzt. »Hab ich Ihnen nachgekauft.« Und ich halte ihr eine Flasche Milch vom Bioladen entgegen.

»Hättest du doch nicht tun müssen!«, ruft sie da ganz lieb, und uff!, zum Glück ist ihr das nicht schon gestern eingefallen. Ohne Vorwand hätte ich mich ja im Leben nicht getraut, bei ihr zu klingeln: *Tag, ich suche jemanden, der einigermaßen normal ist und mich gerade mal ein bisschen betüddeln kann.* Wäre ja endpeinlich. Aber jetzt, wo ich schon mal da bin, kann es wohl nicht so schwierig sein, mich bei ihr einzuladen.

»Läuft was Gutes?« Ich nicke in Richtung Wohnzimmer, aus dem gerade eine aufgelöste Fernsehstimme zu uns rüberschallt.

Frau Jacobi hebt die freie Hand. »Nichts Dolles. Nur die Wiederholung der letzten *Rote-Rosen*-Folge.«

»Seh ich eigentlich auch ganz gern«, murmle ich. Im nächsten Augenblick spüre ich das Ampelmännchen aufleuchten. Ein Familienfilm wäre jetzt vermutlich unauffälliger gewesen oder meinetwegen eine Wissenssendung. Was ich zu Hause eben so gucken darf, oder besser: gucken *dürfte*, wenn unser Fernseher nicht schon seit Monaten Schrott wäre. Rosenrote Serien gehören jedenfalls nicht unbedingt dazu.

Frau Jacobi macht auch ein höchst sonderbares Gesicht. »Nu«, sagt sie, »wenn du gerne mitschauen möchtest ...« Sie tritt einen Schritt zurück. »Mach's dir bequem! Ich stell man bloß noch die Milch kalt, bevor die kippt.«

Ein paar Sekunden später versinke ich auch schon in den Kuschelkissen auf ihrer Zweisitzer-Couch zwischen dem Tischchen mit der Programmzeitschrift und der Wand mit den vielen Fotorähmchen. Dann kommt Frau Jacobi mit einer Schale Eiskonfekt dazu und setzt sich in ihren Fernsehsessel. Und als hätte ich mit Edding auf der Stirn stehen, dass ich bei ihren *Roten Rosen* nicht den geringsten Durchblick hab, erklärt sie mir nach und nach und unter viel Geseufze, wer im Hotel »Drei Könige« hinter wem her ist, warum das durchaus nicht geht oder – vielleicht! – ja doch. Eigentlich ganz interessant, und liebesmäßig sehr viel spannender als das echte Leben. Sogar wie Knutschen funktioniert, lässt sich ganz gut abgucken. So viel zum Thema Wissenssendungen.

Aber dann ist die Folge zu Ende, eine Weile später auch das Vormittagsjournal mit den Neuigkeiten aus aller Welt, und die alu-bunten Eiskonfekthütchen liegen leer und zerknüddelt auf dem Abfallteller.

»So!« Frau Jacobi schaltet den Fernseher aus und wuchtet sich aus ihrem Sessel. Ihre Bluse hat am Rücken eine Anlehnfalte, und ihre Dauerwelle ist hinten platt gedrückt. »Jetzt muss ich mich man langsam ums Mittagessen kümmern«, sagt sie und zieht die Übergardinen auf, bis das ganze Zimmer in ein milchig weißes Tagesvorhanglicht getaucht ist. »Und du, Jannchen?«

»Ich ...«, sage ich unschlüssig.

Da guckt mich Frau Jacobi wieder ganz sonderbar an. »Schwierig ohne Mutti zu Hause?«, fragt sie mit einem Mal.

Ich beuge mich vor und knibble einen festgetrockneten Tierheimdreck von meiner Sandale. Dann hole ich tief Luft und sage: »Ja.«

»Ich mein, das ist doch voll unmamarig!« Energisch lasse ich eine Kartoffel in den Einsatz vom Dampfdrucktopf fallen. Frau Jacobi hat gefragt, ob ich Lust hab, ihr in der Küche zu helfen, und jetzt stehen wir zusammen an der Doppelspüle und säubern Pellkartoffeln: Sie schrubbt rechts die Schalen mit der Gemüsebürste und ich spüle sie links noch mal unter fließendem Wasser ab. »Ist schon nervig genug, wenn sie ständig irgendwelche Hausarbeiten schreiben muss oder für ihre Prüfungen lernen«, sage ich und nehme die nächste Kartoffel in Empfang. »Und wehe, sie wird mal dabei gestört! ›Jetzt nicht, Janne, ich muss noch dies machen, ich muss noch das machen ...‹«

Ich halte inne und schiele zu Frau Jacobi rüber, aber die lächelt nur freundlich, und da blubbert es weiter aus mir raus wie aus einer geschüttelten Sprudelwasserflasche: »Aber dass sie jetzt auch noch wochenlang nach Südamerika abhauen muss!« Ich schnaube. »Als wären ihr irgendwelche wildfremden Indianerkinder wichtiger als ihre eigenen.«

»Glaubst du das denn?« Frau Jacobi reicht mir die letzte Kartoffel an.

Ich zucke die Achseln. »Die hört mir ja nicht mal richtig zu, wenn ich ihr am Telefon was sagen will«, murmle ich. »Genau wie mein Vater. Der ist dann auch immer bloß gestresst und meckert rum. Und wenn mal wirklich was wichtig ist –« Ich verstumme. Mit einem Schlag sind alle Wortblubberbläschen in mir aufgebraucht.

Frau Jacobi bohrt auch nicht nach. Stattdessen lässt sie das dreckige Kartoffelwasser ab, holt ein Glas dicke Bohnen aus dem Vorratsschrank und öffnet es *klock!* mit kräftigen Armen. »Magst du vielleicht die Bohnen abgießen?«, fragt sie. »Dann kann ich man schon den Speck auslassen.«

Dankbar stelle ich ein rotverblichenes Plastiksieb in die Spüle und klopfe das Glas darüber aus. Dann gucke ich zu, wie Frau Jacobi erst einem Stück Bauchspeck säbelmesserig zu Leibe rückt, dann einer Zwiebel und hinterher beides zusammen in der Pfanne anbraten lässt.

»Und jetzt die Bohnen dazumischen?«, frage ich und hebe vorsichtig das tropfende Sieb aus der Spüle.

»Genau.« Frau Jacobi nickt mir aufmunternd zu. »Dann mit Mehl bestäuben …«, sie drückt mir eine halbvolle Tüte in die Hand, »nur ganz wenig ... Prima! Und Milch und Brühe dazu ... und Pfeffer und Bohnenkraut ...«

Ich suche und streue und gieße und rühre, und es ist fast so gemütlich wie ganz früher, als Emil noch ein winziges Schnarchnasenbaby war, das immer im Tragetuch eingepennt ist, wenn Mama mich vom Kindergarten abgeholt hat, und ich ihr hinterher ganz dolle beim Kochen helfen musste, weil sie sich mit dem Tuchpaket nicht richtig bücken konnte. Und jedes Mal hat sie gesagt: *Wenn ich dich nicht hätte!* Das war lang bevor Papa sich als Programmierer selbstständig gemacht hat und sie unbedingt wieder studieren wollte, klar.

»... und abschmecken nicht vergessen ...«

Ich tauche einen Löffel in die Soße, puste ein bisschen, und als ich ihn ablecke, breitet sich in meinem Mund ein wunderbar altmodischer Geschmack aus, nicht übermäßig lecker, aber so, wie dicke Bohnen mit Speck wahrscheinlich schmecken müssen. »Schon ziemlich würzig«, sage ich fachfräuisch. »Fehlt höchstens noch eine Miniprise Salz.«

Dann schmurgelt es in der Pfanne ganz von selbst vor sich hin, und im Dampftopf wird ganz von selbst den Kartoffeln eingeheizt, und als ich gerade überlege, ob wir eigentlich eine einzige Riesen-dicke-Frauen-Portion gekocht haben oder eine dreiviertelgroße plus eine Kinderportion, stößt Frau Jacobi ein erschrockenes *Jessesmariaundjosef!* aus.

»Ja, sage mal, Jannchen!«, ruft sie. »Weiß der Vati überhaupt, wo du die ganze Zeit steckst?«

Das ist nun so eine Sache. »Wir ... haben heute noch nicht so viel geredet«, sage ich unbestimmt. »Er war heute Morgen eingeladen.«

Einen kurzen Moment lässt Frau Jacobi wieder diesen Sonderbarblick auf mir ruhen. Dann nimmt sie meine Indianertasche, die ich über einen Küchenstuhl gehängt hab, und wedelt mich damit in den Flur. »Da flitzt du aber man fix nach oben und sagst Bescheid, dass *du* jetzt eingeladen bist«, sagt sie. »Hast schließlich selbst so tüchtig gekocht! Und«, sie legt mir eine schwere Hand auf die Schulter, »für eine allein ist es sowieso immer zu viel.«

9. Kapitel, in dem es um SMS geht, um Vergangenheitsdinge und um verirrte Knallfrösche

»Boah, Janne!« Kaum hab ich aufgeschlossen, kommt mir Papa mit seinem Steilfaltengesicht entgegengestampft. »Vielleicht steckst du nächstes Mal zumindest dein Handy ein, wenn du ohne ein Wort die Fliege machst!«

Ich krache die Tür hinter mir zu und stopfe das Schlüsselband zwischen T-Shirt und Top zurück. Echt tolle Begrüßung! Wenn dieser »nette Herrentreff« Papa irgendwie entmachoisieren sollte oder so was in der Art, ist davon jedenfalls nichts zu merken.

Aber dann lasse ich doch unauffällig die Finger in meine Tasche gleiten, denn das mit dem Handy ist mir noch gar nicht aufgefallen. Tatsache. Nur die lasche Socke fliegt darin rum, mein Portemonnaie und der eine oder andere Müll.

»Hier«, sagt Papa unfreundlich. »Lag noch auf der Couch.«

Ich schnappe mir das Handy und beuge mich über das Display. Zwei Mitteilungen in Abwesenheit!

»Könntest du dich vielleicht mal dazu äußern, Janne?«

Ich kneife die Lippen zusammen. Kann ICH was dafür, wenn PAPA mein Handy mitten in der Nacht durch die Gegend pfeffert und ICH es darum liegenlasse? Ohne aufzugucken rufe ich die erste SMS auf. »Von: Mailbox«, lese ich. »Sie haben 1 neue Nachricht.«

»Janne!«

Ich drücke auf »Abhören«, bohre mir einen Finger ins freie Ohr und lausche.

»Dienstag, dreizehnter Juli, zwölf Uhr drei«, sagt die automatische Ansage auf, bevor Philines Stimme grummelt: »Hi, du Ei. Meld dich mal.«

Später!, denke ich entschuldigend. Versprochen! Ich entpfropfe meinen Gehörgang und zappe mich zurück zu »Mitteilungen«.

»VERDORRI NOCH!«, wettert Papa mich da an, dass ich richtig zusammenzucke. »Ich hab dich was gefragt!«

Zum Glück braust uns im nächsten Augenblick *drrr-drrr-drrr-drrr-drrriiiiing-drrr-drrriiiing!* Emils höchsteigener Klingelcode um die Ohren, und ich wende mich ab, um auf den Summer zu drücken. Aber offenbar war die Hintertür offen, denn als ich aufmache, steht Emil schon mit glühenden Wangen und schlenkernder Digitalkamera auf der Schwelle. »Schöne Grüße von Leander!«, trompetet er mir entgegen, dass ich ihm am liebsten eine reinballern würde. Dann bettelt er zuckerwattesüß: »Papaaa? Darf ich an Mamas Computer? Nur geheimagenten, nicht spielen.«

»Meinetwegen«, brummt es hinter meinem Rücken, »aber nur über deinen eigenen Zugang!«, und Emil stürzt an mir vorbei, als wär er mindestens einer internationalen Terrororganisation auf der Spur.

Regungslos warte ich auf das, was nun kommen muss.

Aber von wegen! »Ich leg mich jetzt mal 'ne Runde hin«, sagt Papa nur noch mit seinem räuspe-rigen Bass. »Marc hat mir die restlichen Mozzarella-Tomaten für dich mitgegeben, Janne.«

»Ich ess bei Frau Jacobi«, gebe ich blitzschnell

zurück. Eine Sekunde später bin ich schon im Treppenhaus und öffne meine andere SMS. Ich lese sie einmal. Ich lese sie zweimal. Dann setze ich mich auf die Stufen und lese zum dritten Mal:

Schlaf jetzt, Hummel!
Liebe, Mama
Absender: Sonja (mobil)
Empfangen: 14.07.2011 00:18:34

»Siehst du, Jannchen!« Frau Jacobi nimmt die Lesebrille ab und reicht mir mein Handy zurück. »Das wird die Mutti man kaum zu den kleinen Indianerchen sagen.«

Nach dem Essen sind wir wieder im Wohnzimmer gelandet, Frau Jacobi mit einer Thermoskanne Kaffee, ich mit einem Glas Kirschsaft, aber der Fernseher ist immer noch ausgeschaltet, obwohl um diese Zeit garantiert auch gute Serien laufen.

»Ich find das ja schon bewundernswert«, sagt sie nach einer Weile. »Wie deine Mutti das alles durchzieht. Mann und Kinder und dazu noch ein Studium! Das hätten wir junge Frauen uns früher nicht zugetraut.«

»Ist ja auch megachaotisch«, bemerke ich. »Und Papa ist auch gar nicht Mamas *Mann*, sondern nur ihr *Freund*. Alles voll unnormal.«

»Schad' doch nix«, sagt Frau Jacobi munter.

Baff schiele ich zur Fotowand mit der todschicken Schwarz-Weiß-Braut, die Frau Jacobis Augen hat und ihre Nase, aber trotzdem total fremd aussieht, und zu den rotstichigen Lametta-Weihnachtsbäumen mit drei lachenden Kindern drunter, zwei Jungs und einem Mädchen. Emil und ich müssen ja schon jedes Jahr dagegen ankämpfen, dass im schlimmsten Hilfe-es-ist-ja-schon-fast-Weihnachten-Stress nicht bloß unsere Zimmerpalme geschmückt wird, weil man das angeblich in Brasilien so macht.

»Wie war das denn früher?«, frage ich vorsichtig. »Also ... frauenmäßig?«

»Jesses!« Frau Jacobi trinkt ein paar Schlückchen dampfenden Kaffee und mutiert zu einem einzigen Schwitzpaket. »Da ging es vor allem drum, eine gute Partie zu machen.«

»Oh«, sage ich.

»Und dann eine tüchtige Hausfrau und Mutter zu werden. Nix von wegen höhere Bildung! Reichte, wenn die Brüder ihr Abitur machten und studieren gingen.«

»Oh«, sage ich wieder und schiebe das Kinn vor. Wenn ich mir vorstelle, ich dürfte jetzt nicht aufs Gymnasium wechseln, bloß weil ich ein Mädchen bin, aber Emil später wohl, kriege ich schon ein bisschen die Krise.

»Und Ihre Kinder?« Ich deute auf die Weihnachtslacher. »Wo sind die jetzt?«

Frau Jacobi lächelt mich an. »Mein einer Sohn wohnt in München, der andere in Frankfurt-Oder, und meine Tochter lebt mit ihrer Familie in Kalifornien. In Palm Desert, mitten in der Wüste.«

Aus meinem Mund purzelt ein drittes *Oh*. So weit weg! Ungefähr so weit wie – Venezuela.

»Leider wollte mein Mann nie, dass wir mal zu ihr fliegen. Wegen dem Schwiegersohn, den konnte er nicht ertragen, und da haben wir's eben gelassen. Hat dem Kontakt zu unserer Kerstin natürlich nicht gutgetan.«

Warum sind Sie denn nicht ohne ihn gereist?, möchte ich fragen, aber dann schlucke ich es runter. Ich weiß ja nicht mal, ob Frau Jacobi Englisch kann. Oder so ein Einreise-Dingsbums organisieren.

Und ob sie überhaupt weggewollt hätte, ganz ohne ihren Mann.

Meine Augen machen sich wieder auf Foto-Wanderschaft. Irgendwo muss dieser Herr Jacobi ja stecken, auch wenn ich ihn bislang noch nicht entdeckt hab.

»Jetzt fragst du dich, was aus meinem Günther geworden ist, stimmt's, Jannchen?«

Voll peinlich. Denn wo soll Günther schon hin sein außer – auf Trinchens grünen Himmelswiesen?

»Ist er …?« Ich drehe mich vorsichtig um.

»Tot, ja. Hirnschlag. Ging ganz fix.«

Was hab ich gesagt?

»Aber in den Jahren davor haben wir schon gar nicht mehr zusammengelebt.«

Das ist allerdings neu.

»Doch nicht so die gute Partie?«, frage ich.

»Nu, schon.« Frau Jacobi nippt an ihrem Kaffee. »Aber auf Dauer war ihm sein Liebchen am Herd nicht mehr interessant genug.«

Ich verstehe. Ein Ehebrecher. Ein Allein-Lasser. Und *jetzt* ist es Frau Jacobi in der Wüste garantiert zu beschwerlich. Gemeiner geht's gar nicht.

Gerade, als es anfängt, langweilig zu werden, und ich mich frage, ob alte Leute eigentlich nie mal den Rappel kriegen und unbedingt raus müssen aus ihrer stickigen Wohnung, klingelt es an der Tür.

»Vielleicht der Vati«, sagt Frau Jacobi, und da folge ich ihr lieber nicht in den Flur.

Doch es ist nicht Papas Stimme, die im nächsten Moment durch den Flur schmettert: »Tag, Sie sind doch bestimmt die ›Omi-von-ganz-unten‹!« und »'Tschuldigung, wenn ich störe, aber ich muss dringend mit Janni sprechen!«

Es ist Philine, und ihre Stimme klingt gar nicht trauer-dumpf, sondern so feurig entschlossen, dass Frau Jacobi ein staunendes *Potz Blitz!* ausstößt und sich in mir ein Gefühl breitmacht, als hätte ich ein Rudel verirrter Knallfrösche im Magen. *Pöff!*, macht das. *Piff, paff, puff!*

»Philine?« Ich will möglichst lässig in den Flur schlittern, aber weil ich nicht an den Läufer gedacht hab, wird die ganze Aktion ziemlich stolperig. »Coole Überraschung.«

»Frau!«, ruft Philine und drückt mich fast zu Mus. »Hast du gedacht, ich würde auf deinen Rückruf warten, bis ich Moos ansetze?« Dann sagt sie zu

Frau Jacobi: »Ich will Ihnen Janni wirklich nicht wegnehmen, aber kann sein, dass es nicht ganz erwachsenenfrei wird.«

Frau Jacobi lacht wie ein kleiner wackelnder Berg. »Geht man, ihr Mädchen! Ich brauch jetzt sowieso ein wenig Ruhe.«

10. Kapitel, in dem Philine ein Wasserballett aufführt, ich mit einem Knoten kämpfe und plötzlich vielleicht doch nicht alles verloren ist

»Eben war's irgendwie – ungünstig«, sage ich, als wir durch die Hintertür in den nachmittagsschwülen Garten schlüpfen. »Aber ich hätte mich auf alle Fälle noch gemeldet.«

»Das will ich hoffen!« Philine stupst mir den Ellbogen in die Seite, und das tut sooo gut, auch wenn mir klar ist, dass jede Sekunde wieder die Trinchen-Düsternis über sie hereinbrechen kann.

»Worüber willst du denn reden?«, frage ich vorsichtig.

»Über dich natürlich.«

Ups! Ich friemle meine Sandalen auf und wate in unser moderiges Planschbecken. Darin hat Papa zwar schon ewig nicht mehr das Wasser gewechselt, aber zum Schweißfüße-Abkühlen taugt es noch einigermaßen. »Und woher wusstest du, wo ich bin?«

»Von Emilchen.« Philine schleudert ihre Bambus-Flipflops von den Füßen und stakst zu mir. »Den hab ich nämlich gerade an der Tram-Station getroffen. Angeblich wollte Leander ihn da einsammeln, kann das sein, Janni?«

»Mmm«, ich starre aufs Wasser, als gäbe es darin eine Erklärung für die neuesten Unfassbarkeiten krolleköpfiger Liebes-Luschen. »Die spielen im Moment immer zusammen. Agenten-Crew.« Und ich bringe mit den Zehen die Schlieren aus Grashalmen und Blütensamen ins Kreisen, bis sich auf der Oberfläche ein trudelndes Muster bildet.

Da beugt sich Philine so dicht an mich ran, dass ich direkt in ihr sommersprossengesprenkeltes Gesicht gucken muss. »Ist es das, warum du gestern alle fünf Minuten mit deinem Handy aufs Klo gerannt bist?«, forscht sie. »Und warum Alexander heute Mittag bei uns angerufen und total panisch gefragt hat, ob du bei uns wärst?«

»Papa hat – *was*?« Ich kriege einen Schwummer im Kopf.

»Sich übelst Sorgen gemacht!«, ruft Philine und fängt an, mich zu umkreisen, als hätte der Arzt ihr eine Wassertret-Kur verordnet. »Und überall rumtelefoniert! Er meinte, normalerweise würde er sich ja keinen Kopf machen, wenn er mal nicht wüsste, wo du steckst. Aber im Moment wärst du voll durch den Wind und hättest in der Nacht kaum geschlafen!« Sie bleibt mit einem Ruck stehen. »Warum erzählst du mir denn nix, Janni, wenn du Liebesschmerz hast?«

Einen Moment weiß ich nicht, was ich sagen soll. »Geht ja gar nicht nur um Leander«, murmle ich dann beklommen. »Ich hab auch Zoff mit Mama und Papa wegen einem kleinen – Hundeproblem.

Aber damit will ich dich echt nicht volljammern, wo doch ...«

»... Trinchen gestorben ist, jaja«, fällt Philine mir ins Wort. »Aber *ich*, Janni, ich bin noch lebendig, klar?« Und zum Beweis führt sie einen wilden Planschbeckentanz auf, rechts seit, links seit, hoch das Bein. »Was denkst du denn, warum ich diese Gedenkfeier gemacht hab, verflixte Entenkacke!« Links seit, rechts seit. »Mit irgendwas muss man eine Trauerzeit schließlich zu Ende bring... *Hao-ouuuh!*« Im schönsten Hoch-das-Bein beginnt sie zu wanken und zu rudern und lässt sich dann hochdramatisch in voller Montur in die Drecksbrühe fallen.

Verblüfft gucke ich zu ihr runter. »Bist du denn gar nicht mehr traurig?«

»Logisch bin ich *traurig*«, sagt Philine und macht es sich im Becken bequem. »Aber nicht mehr *trauerig.* Und wenn du jetzt nicht endlich sagst, was los ist –« Sie grinst, und im nächsten Moment hab ich eine Ladung Schmodderwasser im Gesicht.

»Ey!«, kreische ich auf.

Wusch, der nächste Schwall.

»Aufhören!«

Splosh, eine ganze Fontäne.

»JEMAND NIMMT MIR LAILA WEG!«

Philine hält inne. »Wer? Wann? Wohin?«

Ich zucke die Achseln. Und weil ich eh schon triefe wie der Niagara, lasse ich mich seufzend neben sie gleiten.

»Und dir ist wirklich nichts Besseres eingefallen, als dem armen Alexander eine Hasserklärung zu machen?«, fragt Philine, als wir eine halbe Stunde später in die Tram einsteigen und uns an einer baumarkttaschenbehängten Buggy-Mutter vorbei zu einer freien Doppelsitzbank durchkämpfen. »Bevor du wegen Laila *irgendwas* anderes versucht hast?«

Ich hätte ja im Leben nicht damit gerechnet, dass sie mich Knall auf Fall zum Tierheim scheuchen würde. Kaum hatte ich nämlich mit dem größten Kuddelmuddel rausgerückt, meinte sie, ab und los, »wer nix machen, der nix retten Hund«. Was bei Laila zu retten sein soll, ist mir zwar mehr als schleierhaft, aber noch mal hinfahren, bevor die Süße für immer verschwindet, wollte ich dann doch.

Mit Philine.

Meiner tapferen Hundekummerpartnerin.

Nur umziehen mussten wir uns vorher wohl oder

übel. Und Papa, der immer noch geratzt hat wie ein Toter, einen riesenroten Zettel schreiben. Darauf hat sie bestanden.

»Von wegen ›armer Alexander‹!«, sage ich und beobachte im Augenwinkel, wie wir aus dem grellen Hochsommerlicht in den dämmrigen U-Bahn-Tunnel gleiten. Doch dann fällt mir wieder ein, dass Papa sich heute so doll um mich gesorgt hat, und ich füge schwummerig hinzu: »Dieser Mann ist so was von … phhh.«

»Er hat ja auch Liebesschmacht.« Philine klimpert mit den Wimpern und zeigt der Buggy-Mutter, die sich verstohlen nach uns umdreht, ihr dreistliebstes Lächeln. »Das musst *du* doch am besten verstehen, Janni.«

Pustekuchen! Was Papa betrifft, vertüddelt sich in mir gerade der totale Gedankenknoten, und ich hab keine Zeit, ihn zu entheddern, denn Philine ist nun so richtig in Fahrt gekommen.

»… probierst es ja immer nur bei Sonja und ihm!«, zischt sie armfuchtelnd. »Dabei gibt es garantiert tausend andere Leute, die das Hundi für dich unterbringen würden.«

Ich stopfe den Knoten kurzerhand in die hinterste

Hirnecke und nicke. Aber erst, als wir wieder aus der Erde aufgetaucht sind und uns an dem Buggy vorbei in Richtung Tür quetschen, verstehen meine Ohren, was Philine da gesagt hat.

Für. Mich. Unterbringen.

Oooooh!

»Wen meinst du denn, der so was machen würde?«, frage ich möglichst harmlos, obwohl es in mir prickelt wie nach einer Bionade auf Ex. Philine hat ja nicht so komplizierte Eltern wie ich, die dürfte auf der Stelle einen neuen Hund haben, wenn sie einen will. Und dann wäre Laila unsere höchstzusammeneigene Beste-Freundinnen-Nudel.

Oh, oh, oooooh!

»Sehn wir dann.« Über Philines Gesicht huscht fast unmerklich ein Traurigkeitsschatten, und da bin ich heilfroh, dass ich nicht genauer nachgehakt hab. »Vielleicht diese süßen Typen, die unter euch wohnen. Wo bei denen doch schon nix mit Kinderkriegen geht.« Sie winkt der Buggy-Mutter, die uns immer noch klammheimlich beobachtet, frech zum Abschied und zerrt mich aus der Tram. »Erst mal werden wir Laila jedenfalls für dich reservieren. Deine Frau Reinke weiß ja, dass du die beste Hundehüterin aller Zeiten bist. Mach hinne, Janni, da steht schon der Bus!«

11. Kapitel, in dem es um Falsche-Personen-an-falschem-Ort geht, um eine Agenten-Crew im Einsatz und um einen Beschluss

Manchmal sehe ich Leute und denke: Hä? Du hier?

Als Frau Brömer noch meine Lehrerin war und ich sie mit Mama im Klowagen auf dem Mittelalterfest getroffen hab, zum Beispiel. Oder als ich bei IKEA mal versehentlich auf die doofe Celina aus meiner alten Klasse gedonnert bin, die sich schlauerweise direkt unter der Rutsche im Bällebad eingebuddelt hatte.

Aber so was Falsche-Person-an-falschem-Ort-mäßiges wie in dem Moment, als ich mit Philine das Hauptgebäude betrete, hab ich noch nie gesehen. Jemand, der mit dem Rücken zu uns neben der laut tütelierenden Wellensittich-Voliere sitzt und sich Fotos auf einem Kameradisplay anguckt.

Mein kleiner Bruder!

In *meinem* Tierheim!

»E–«, stoße ich hervor und will sofort zu ihm stürmen, aber Philine hält mir schnell die Hand vor den Mund, und es kommt nur noch ein *Mmmglll* raus. Im nächsten Augenblick kauere ich schon hinter dem Wartesofa neben der Garderobe und schiele verdattert zu Philine neben mir.

»Woll'n doch mal sehen«, wispert sie. »Wo ein Agent ist, kann auch sein V-Mann nicht weit sein.«

Und da hat sie natürlich recht.

Tocketocketocke, macht mein Herz. Und *tocke-*

ditockeditockedi, als kurz darauf die schwere Eisentür zur Quarantänestation aufschleift und Leander ins Foyer stapft.

»Hallo, Kollege«, sagt er, als er bei Emil angekommen ist, aber so richtig agentenhart klingt er nicht dabei. Eher ein bisschen verlegen, und ich merke, wie es mir verdächtig samtig zumute wird. »Aus Frau Reinke ist kein Piep rauszukriegen. Sie hat gerade den Tierarzt wegen einem neuen Hund da und sagt, sie will jetzt kein Wort mehr darüber hören, Adressen darf sie sowieso an niemanden weitergeben.«

Mein Herz tockert fast über. Worüber will sie kein Wort mehr hören?

»Pöh, dann müssen wir eben anders rauskriegen, wo die Wegschnapper wohnen!«, ruft Emil und springt mit schlenkernder Kamera von seinem Sitz. »Sind die doch selbst schuld, wenn die nicht im Telefonbuch stehen, die Doofen. Oder bei Guglmäpps. Wo hat die Dings noch mal ihr Arbeitszimmer? Hier?« Und er ruckelt an Frau Reinkes verschlossener Bürotür.

»Nicht, lass das!« Erschrocken pellt Leander Emils Finger von der Klinke. »Schade, dass Ennis schon weg ist«, sagt er dann. »Sonst könnten wir den fragen, ob er noch was weiß. Zumindest, was die für ein Auto haben oder so. Irgendein ... Indiz, das uns auf die richtige Spur bringt. Damit wir nicht noch mal bei falschen Leuten landen.«

»Ennis?«, flüstert Philine.

»Der Praktikant«, flüstere ich zurück und spähe mit brennenden Augen an der Sofalehne vorbei.

»Am besten, wir kommen morgen früh noch mal wieder und verhören ihn.«

»Na guuut«, mault Emil. »Dann mach ich eben schon mal die CD mit den Hundebildern fertig. Ich kann das! Computer ist babyleicht, da weiß ich alles, was es gibt, von meinem Papa.«

Leander nickt und schiebt ihn in Richtung Ausgang. »Pass aber auf, dass Janne nichts mitkriegt. Nicht, dass sie nachher noch total traurig ist, wenn es nicht klappt mit unserem Hundeersatzprojekt. Und die Fotoshow muss richtig gut werden. Wie in der Werbung, mit Musik und allem. Wir müssen diesen Krassmanns schon was anderes bieten, wenn wir ihnen Laila ausreden wollen.«

»Übelst krass, Mann!«, wispert Philine anerkennend.

Ich kauere nur da, und während ich den beiden nachgucke, hüllt mich der Samt ein, dass es mir ganz kitzelig auf der Haut wird. Aber dann höre ich Stimmen im Quarantänegang, und Philine gibt mir einen Knuff.

»Prima, dass du helfen kommst, Janne«, sagt Frau Reinke, als ich ihr mit weichen Knien in die Zwingeranlage folge. Philine stapft zwar dicht hinter mir her, aber das macht die Sache höchstens ein *bisschen* leichter. »Und eine Freundin hast du auch mitgebracht! Es gibt aber auch richtig viel zu tun, wir platzen aus allen Nähten! Ich weiß gar nicht, wo ich schon wieder einen schutzbedürftigen Welpen unterbringen soll. Geht wohl nicht anders, als dass wir Laila zu Alrun und Bronja stecken, solange sie noch hier ist.« Sie dreht ihren Schlüssel um, und die Nudel wirbelt uns wie ein Tornado entgegen. »Fuß! Uuund Platz!«

Laila gehorcht widerwillig, aber dann robbt sie mir bäuchlings entgegen, die Verrückte, und ich hocke mich hin, um sie von ihrem Streichelhunger zu erlösen. »Eigentlich wollte ich nur mal kurz reingucken«, murmle ich dabei.

Frau Reinke dreht sich um und nickt mir zu. »Verstehe. Dann verabschiede dich in Ruhe.«

»Nein, nein!« Ich massiere angestrengt die Nudelohren, und als ich auch noch am Unterarm die feuchte Nudelnase spüre, die eifrig an meiner Indianertasche schnuppert, bringe ich es über mich. »Sie dürfen Laila nicht an diese Leute weggeben«, sage ich bittend. »*Ich* kann die übernehmen! Also, vielleicht.«

»Nix vielleicht.« Philine! »Janni macht das. Abgemacht? Abgemacht. Alles Amtliche erledigen wir später.«

»Ach, Kinners.« Frau Reinke seufzt, und mir fällt ein, wie oft ich ihr erzählt hab, dass Mama und Papa mir partout keinen eigenen Hund erlauben. »Ich dachte, ihr würdet ein bisschen mehr Weitblick aufbringen als Leander, der hier ständig mit seinem kleinen Freund aufkreuzt.« Sie macht eine Denkpause, in der ich sicherheitshalber so unemilhaft wie möglich dreinschaue, scheint aber zu keinem Ergebnis zu kommen. »Ich weiß, wie sehr du Laila magst, Janne«, sagt sie schließlich. »Umso mehr solltest du dich für sie freuen, dass sie endlich aus dieser Enge befreit wird.«

Ich fahre mit gespreizten Fingern durch Lailas Rückenfell und kralle mich richtig ein bisschen fest.

Nein!, ruft es in mir. Nein, nein, nein!

Niemals werde ich mich freuen, wenn mir jemand meine Lieblingsnudel wegnimmt. Niemals werde ich *zulassen*, dass mir jemand meine Lieblingsnudel wegnimmt.

Howgh!

»Ich will ja auch, dass Laila hier rauskommt«, sage ich fest. »So bald wie möglich.«

Philine nickt eifrig. »Aber nur zu Janni! Nicht woandershin!« Und erpresserisch fügt sie hinzu: »Sonst wäre ich an Ihrer Stelle nämlich nicht so sicher, ob Sie Ihre beste Hundespezi-Frau behalten.«

»Ach, Kinners«, sagt Frau Reinke wieder. Dann wendet sie sich ab. »Es ist bald sechs. Wollt ihr jetzt noch ein paar Minuten mit anfassen oder nicht?«

»Bald sechs?«, ruft Philine. »Oh Shit, ich muss nach Hause!«

»Und ich hab noch zu tun!« Ich gebe Laila einen Abschiedskuss, dann rennen wir schon.

12. Kapitel, in dem es ziemlich verzweifelt zugeht, aber auch ein kleines bisschen wunderbar

»Jetzt hätte ich um ein Haar verpennt, dass wir heute ins Freiluftkonzert gehen«, japst Philine, als wir an der Bushaltestelle stehen und sie rausgefunden hat, dass sie mit dem Hundertzwanziger schneller nach Hause kommt als mit dem Hundertzwölfer plus Tram plus Fußweg. »Ich kann das leider nicht absagen, Minu und ihre Eltern kommen auch. Aber du kriegst das auch ohne mich geschaukelt! Denk dran, tausend Leute wollen einen Hund. Und notfalls ... ach, schon gut.«

Sie verstummt.

»Ich frag Marc und Felix«, sage ich schnell.

Philine lächelt mich an. »Supi. Schnapp dir die Knaben und verklickere ihnen, dass sie eigentlich immer schon einen leicht irren Jack-Russel-Verschnitt haben wollten. Als Babyersatz. Dann kann gar nichts schiefgehen.« Sie nimmt mich in den Arm. »Viel Glück, Janni! Ich meld mich morgen.«

»Danke«, sage ich. Im selben Moment biegt mein Bus um die Ecke.

Noch bevor ich mir irgendein Sprüchlein zurechtgelegt hab, pralle ich auf Felix. Er durch die Vordertür, ich durch die Hintertür, Frontalzusammenstoß.

»Na, du«, sagt er und schiebt sich mit einer vollgestopften Einkaufskiste zur Treppe durch. Offenbar hat die Herrenrunde heute Morgen ziemlich viele Vorräte weggefressen. »Gute Macho-Pause gehabt?«

Erst kann ich gar nichts sagen vor lauter Aufregung. Dann denke ich: Augen zu und durch!, hänge mich an seine Fersen und rede einfach drauflos. Dass ich jetzt dicke Bohnen kochen kann, Philine ins Planschbecken gefallen ist und Marc und er doch sicher Lust haben, die süßeste Terriernudel des Universums bei sich einzuquartieren. »Ihr dürft sie auch füttern«, sage ich listig. »Und baden. Und auf den Arm nehmen.«

Felix stellt die Kiste vor der Wohnungstür ab.

»Also, wenn ich dich richtig verstehe«, sagt er und grinst, »und es um eine Art Hunde-Bevaterungsprogramm geht, dann muss ich dich leider enttäuschen. Marc hat Asthma, und Tierhaare in der Wohnung wären für ihn die reinste Folter.«

»Oh.« Ich atme scharf ein. »Auch bei ganz drahtigem Ultrakurzhaar-Terrierfell?«

»Ich fürchte, ja«, sagt Felix. »Aber nett, dass du so fürsorglich an uns denkst. Meinst du, es würde auch Spaß machen, einen Goldfisch zu baden?« Er zwinkert mir zu.

Keine Panik jetzt! Was sind schon zwei Leute von tausend?

»Hey, Kleine, tut mir leid. Ich hab schon davon gehört, wie ungeheuer du dir einen Hund wünschst, aber –« Felix hebt entschuldigend die Hände.

Nicht verzweifeln! Noch neunhundertachtundneunzig!

»Können wir sonst irgendwas für dich tun?«, fragt er.

Ich schüttle den Kopf und haste weiter nach oben.

Laila, Laila, Laila.

Okay, Janne. Denken.

Ich kauere in meinem stickig düsteren Notfall-Rückzugstipi, das ich mal vor Urzeiten auf dem Dachboden gebaut hab, und beruhige meinen Atem.

Wen kann ich jetzt fragen?

In Leanders engem Hinterhaus sind Hunde verboten, Minu hat voll die strengen Schreieltern, Onkel Sven geht ständig einen saufen, Tante Daniela hat drei bescheuerte Katzen, Oma und Opa wohnen jottwede in Isernhagen …

Mich durchfährt es wie ein Stromstoß. »Frau Jacobi!«, sage ich laut.

Ganz ruhig, Janne. Denken.

Natürlich ist Frau Jacobi schon alt – noch viel älter als Oma und Opa! Und Laila ist quietschejung und wild und verrückt. Allerdings wäre sie ja auch *mein* Hund. Ich würde sie jeden Nachmittag abholen und draußen mit ihr rumtoben. Frau Jacobi müsste nur das Morgengassi übernehmen, wenn ich nach den Ferien immer schon um Viertel nach sieben zum Gymnasium aufbreche. Und die Mittagsrunde, wegen den vielen Hausaufgaben. Und, nun ja, manchmal vielleicht auch noch das Abendpipi, falls ich am nächsten Tag eine Arbeit schreibe oder einen Vokabeltest. Aber das wäre ja bestimmt gar nicht schlecht für sie! Wo sie doch immer in ihrer Miefbude rumsitzt, ganz allein und weit weg von ihrer Kerstin.

Genau, Janne! Weiterdenken.

Den Rest könnten wir zusammen machen: füttern und betüddeln und all das. Stell ich mir sogar ganz gemütlich vor. Gemütlich und nett und plauderig.

»Jepp!« Mit wummerndem Herzen krieche ich aus dem Tipi.

Das könnte gehen. Das *wird* gehen. Ich muss Frau Jacobi nur noch erklären, dass wir das perfekte Nudel-Dreamteam sind.

No problem, Janne. Tausend Leute wollen einen Hund!

»Jesses!«, sagt Frau Jacobi, als ich mit meinem Vortrag fertig bin. Die Gardinen in ihrer Wohnung sind schon wieder zugezogen, und aus dem Wohnzimmer flackert es fernsehblau. »Das überrumpelt mich jetzt aber.«

Ich trete von einem Fuß auf den anderen und fühle mich plötzlich, wie wenn man im Traum fällt und fällt und dann, kurz bevor man auf dem Boden aufschlägt, aufwacht. »War nur so eine Idee«, murmle ich. Und mir ist klar: Das war's. Ich hätte mir gar nicht diesen Laila-Rettungsfloh ins Ohr setzen lassen dürfen. Solange sich Mama und Papa querstellen und Philines Kopf bis zum Anschlag voll ist mit Trinchen, gibt es eben keine Chance. Ist ja auch ziemlich dreist, einfach irgendwelche Nachbarn in die Sache reinzuziehen. Was haben die damit schon am Hut?

»Nu schau man nicht so betrübt drein, Jannchen«, sagt Frau Jacobi da. »Ich hab doch noch gar nicht geantwortet!« Sie nimmt mein Gesicht in ihre alten Hände und guckt mich lange an, bis es in mir ganz schwer wird und wunderbar leise. »Erst mal schlafen wir drüber«, sagt sie schließlich. »Und dann sehen wir weiter.«

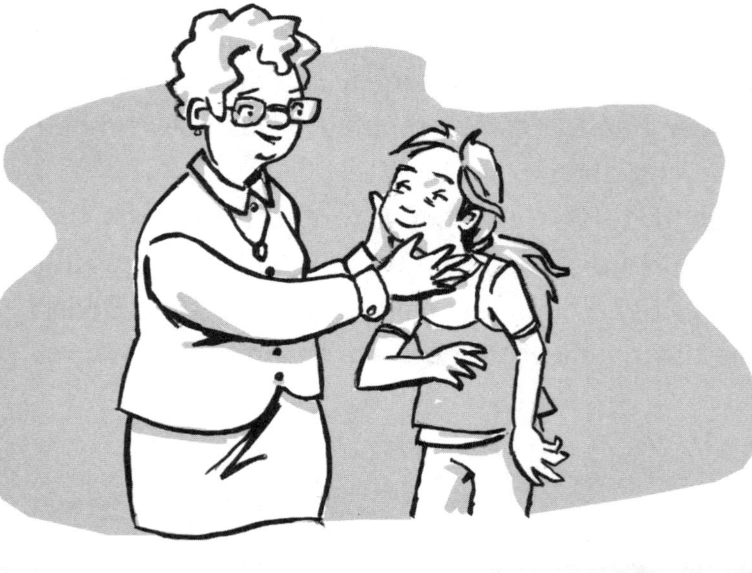

13. Kapitel, in dem ich einen Fund mache, Emil in den Schlaf schwitze und den Macho-Knoten entwirre

Auf meinem Kopfkissen finde ich einen Zettel.

Als ich nach Hause gekommen bin, war das Abendbrot schon gelaufen, und die beiden Machos haben schwerstarbeitend vor den PCs geklebt: Papa vor seinem, Emil vor Mamas. Kein Stirngefalte, kein Janne-kannst-du-mal-eben, nur ein knappes Hallo aus dem Arbeitszimmer. War mir sehr recht so. Ich hab mir meine Mozzarella-Tomaten reingeschoben und ein Stück Ciabatta, dann hab ich Frau-Jacobi-mäßig die Rollos runtergezogen und mich einfach schon ins Bett verkrümelt. *Drüber schlafen!* In meinen Armen und Beinen ist sowieso auf einmal eine Müdigkeit, als hätte ich mir fünf Nächte um die Ohren geschlagen, nicht nur eine. Und denken will ich heute auch nicht mehr. Nicht dieses andauernde *Vielleicht.* Gar nichts mehr.

Aber den Zettel falte ich doch noch auseinander … und oh!, ich erkenne sofort Leanders krakelige Jungsschrift.

Liebe Janne!

Eben hab ich Emil nach Hause gebracht und gedacht, ich würde dich treffen, aber du bist nicht da, und gleich muss ich weg. Darum schreib ich dir. Mami hat heute Mittag erzählt, dass Alexander angerufen hat. Er wollte wissen, ob du uns vielleicht nachgefahren bist. Hoffentlich bist du nicht sauer, weil ich im Moment so viel mit Emil mache. Ich bin gestern nur mal mit ihm losgezogen, weil er mir so leidgetan hat. Ich weiß, wie doof das ist, wenn man sich ganz doll nach seinem Vater oder seiner Mutter sehnt. Besonders, wenn der, der gerade da ist, so viel am Hals hat. Jedenfalls, dann hat sich was ergeben, das kann ich jetzt leider nicht erklären. Aber bitte, bitte nicht traurig sein!!!

Dein Leander

Immer wieder lese ich den Brief im Rolloschummerlicht, und dabei sehe ich die ganze Zeit Leanders urliebes Gesicht vor mir. Die grauen Augen zwischen den vielen Locken, die Nase und den Mund, so deutlich, dass ich am liebsten die Hand ausstrecken würde und ... Hu! Ich schiebe den Zettel unters Kissen, winkle die schmerzenden Beine an und mache die Augen zu. Aber kann mir vielleicht mal einer sagen, wie man so schlafen soll?

Irgendwie muss ich doch weggenickt sein, denn als ich hochschrecke, ist es draußen fast dunkel. Erst denke ich, ein Mückengesumme hat mich geweckt, aber dann wird mir klar, dass es das Abendgewühl unter mir gewesen sein muss: *Schnief, seufz, stöhn*. Und diesmal frage ich.

»Weinst du, Emil?«

»Nein!«, kommt es weinend zurück.

Mich durchströmt es ganz mitleidsvoll. »Nur noch viereinhalb Tage.«

Schnief.

»Das geht jetzt ganz schnell.«

Seufz.

»Wo du soo viel mit deiner Crew unternimmst.«

Stöhn.

Mannomannomann! Wenn nicht mal das hilft um diese Zeit!

Mit einem Mal muss ich an das Schnarchnasenbaby im Tragetuch denken, winzig klein an Mamas Busen gekuschelt. »Willst du bei mir einschlafen?«, frage ich zögerlich.

Stille. Dann Deckengeraschel, Leitergetrapse, und im nächsten Moment schmiegt sich Emil so eng an mich, dass mich fast der Sommernachtshitzschlag trifft. »Du musst mir was erzählen«, schnurfelt er und reibt sein nasses Gesicht ganz unmachohaft an meiner Wange ab.

»Was denn?«

»Was Spannendes.« Er wühlt sich noch tiefer in meinen Arm.

Da erzähle ich ihm, so gut ich mich eben dran erinnere, wie Pippi Langstrumpf zwei hochgefährliche Diebe auf ihren Schrank befördert hat, und je schwerer sein borstiger Schädel auf meine Schulter drückt, desto wacher werde ich.

Na toll. Das war's wohl mit *Drüber schlafen.*

Vorsichtig ziehe ich meinen Arm unter Emils verschwitztem Hinterkopf hervor und horche in die Dunkelheit: auf die hauchigen Atemzüge neben meinem Ohr, den Verkehr unter dem Fenster und dann auf die Musik, die ganz leise aus dem Wohnzimmer rüberklingt. Kein *dff, dff, dff,* sondern irgendwas Sanftes mit Gitarre. Und da passiert es. Der Knoten! Der Papa-Verwirr-Knoten! Leicht wie ein Federknäuel hüpft er hervor, die Gedankenfäden ganz lose, sie entheddern, schwirren hierhin und dorthin – und dann muss ich einfach aufstehen.

Papa steht am offenen Fenster und raucht. »Janne!«, sagt er, als er mich in der Tür bemerkt. »Ich dachte, du schläfst.«

Ich mache ein paar Schritte ins Wohnzimmer, lege den Kopf schief und betrachte ihn. Vielleicht liegt es an der Nacht, die alles so anders macht, vielleicht an der Musik, aber für einen Macho-Gen-Träger kommt er mir plötzlich total softiehaft vor. »Du hast Liebesschmacht nach Mama«, sage ich. »*Darum* bist du so doof. Du wirst halb wahnsinnig vor Sehnsucht.«

Papa guckt mich verdutzt an. Dann drückt er seine Zigarette aus. »Dreiviertelwahnsinnig«, verbessert er. »Aber ich bin trotzdem froh, dass sie diese Exkursion macht.«

»Warum?«

Er lässt sich auf die Couch plumpsen und zappt die Anlage aus. »Weil sie vorher noch nie eine gemacht hat. Obwohl sie es immer wollte.« Und er klopft neben sich aufs Polster.

Wie in Zeitlupe setze ich mich. Linke Pobacke, rechte Pobacke, nach hinten ruckeln. »Und wieso hat sie's dann nicht?«, flüstere ich. Aber ganz tief in mir drin weiß ich schon, was jetzt kommt.

»Meine Güte, Mädchen!«, sagt Papa. »Zufälligerweise hat sich vor ziemlich genau zehn Jahren ein sehr zerknautschtes und sehr lautstarkes Baby bei uns eingeschlichen. Und drei Jahre später ein puterrotes mit Vollglatze.«

Ich zupfe mit den Zehen einen Teppichfussel aus. Was soll ich dazu sagen? *Sorry, dass ich hier bin?! Hättet ihr mal besser aufgepasst?!*

Da spüre ich, wie sich Papas Hand warm um meinen Nacken legt. »Sonja hat alles drangegeben, so verrückt war sie nach euch. Ihr Studium, ihre Pläne, alles. Nur, um jede Minute für euch da zu sein.«

»Für dich ja wohl auch«, gebe ich zurück. Dann muss ich an Frau Jacobi denken und murmle: »Voll hausfrauen- und muttermäßig.«

»Absolut.« Die Hand wandert nach oben und zauselt meine Haare. »Bis sie sich irgendwann daran erinnert hat, was ihr auch wichtig ist.«

Ich nicke. *Auch.*

»Und dann brach das Chaos los!«, sagt Papa feierlich. »Aber wenn wir ihr 'n bisschen helfen und hier den einen oder anderen GAU managen, geht's einigermaßen, oder?«

»Mhmmm.« Ich lehne mich unauffällig an seine Schulter. »Erlaubt ihr mir darum keinen Hund? Weil ich das vielleicht nicht allein schaffe und ihr dann noch mehr Mühe habt?«

»Ja, Süße«, seufzt Papa und drückt mich ganz fest.

Wir schweigen eine Weile, und ich merke, wie ich wieder ganz duselig werde. Aber gerade, als Papa wissen will, ob er mich zurück ins Bett bringen soll, fällt mir was Wichtiges ein.

»Gleich.« Ich rapple mich von der Couch hoch. Dann stolpere ich in den Flur und zupfe das Handy aus der Socke.

Entschuldigung!
Liebe, Janne
An: Sonja (mobil)
Gesendet: 14.07.2011 23:09:27

Zum Glück muss ich Papa nicht groß erklären, warum ich in Mamas freie Betthälfte krieche. Ein vorsichtiger Hinweis auf Emils Hochbettblockade reicht ihm völlig aus. Ich muss auch nicht extra sagen, dass er jetzt selbst schlafen gehen soll. Er macht sich nur noch eine Blitzrunde auf Mückenjagd, dann streckt er sich neben mir aus und summt mir was vor, leicht schräg und unheimlich paparig.

Doch als schon die ersten Traumbilder hinter

meinen Augen hin- und herschweben, fragt er plötzlich: »Ach, Janne, was ist denn jetzt eigentlich mit dir und diesem kleinen Krollekopf?«

»Mmm«, mache ich unbestimmt und schiebe Papas Hand unter meine Wange, so wie ganz früher, als wir uns jede Nacht zu viert im großen Bett geknubbelt haben. Danach versinkt alles im Schwarz.

14. Kapitel, in dem ich zur Tagaktivität genötigt werde, sofort einen Weltrekord aufstelle und trotzdem zu spät komme

»Tja also«, dringt es von weit weg an mein Ohr, »Janne war wieder nachtaktiv, die schläft noch.«

Ich bohre meine Nase tief ins Kissen mit dem leisen Mama-Geruch. Genau, ich schlafe. Also Ruhe im Karton! Und ich will schon wieder gemütlich absacken, aber da höre ich Philines Stimme verkünden: »Dann ist jetzt eben Schluss mit dem Geschnarche, es ist fast elf!«, und im nächsten Moment wird die Schlafzimmertür aufgeklinkt. »Hau rein, Janni, wir müssen sofort los. Hast du jemanden für Laila gefunden?«

Die Nudel! Ich fahre hoch und starre dem Leutehaufen entgegen, der zu mir ins Zimmer drängt:

Philine. Minu. Emil. Leander.

»Nee«, sage ich, »äh, ja, ich meine ... bei Marc und Felix geht's nicht ...«

»Oh, kack die Ente!«

»... aber Frau Jacobi, also, vielleicht ...«

»Die nette Unten-Omi?«, ruft Philine. »Geili! Dann hopp, wir haben's eilig! Minu hat die Adresse von den Krassmännern.«

»Wenn das die Richtigen sind«, sagt Minu leise. »Wo die Frau mit meiner Mutter im Madrigalchor singt und ...«

»Die wollen Laila abholen, die Blödlinge!«, fällt Emil ihr ins Wort. »Aber ich erlaub das nicht, Janne, ich erzähl denen was, ich ...«

»Zieh dich schnell an!« Philine durchwühlt den immer noch nicht ausgeräumten Wäschekorb und schmeißt eine Ladung Klamotten auf die Matratze. »Weggucken, Leander!«

Ich glühe auf wie ein Ampelmännchen mit Sonnenbrand, und Leander stellt sich hastig ans Fenster. »Gib mir noch mal den Stadtplan, Emil«, murmelt er, während ich mich im Weltrekordtempo in mein T-Shirt zwänge. »Ich glaub, die wohnen direkt an eurer Tram-Linie. Nur ziemlich weit durch, noch hinter dem Bergfriedhof.«

»Schneller, Janni!«, feuert Philine mich an.

Und ich steige gerade noch rechtzeitig in die Hose, bevor Papa ins Zimmer gestapft kommt und fragt: »Kann mir vielleicht mal einer sagen, was hier los ist?«

»Nichts, nichts«, sagt Philine lammfromm. »Koch dir 'nen Kaffee und mach Päuschen, Alexander!« Sie packt mich am Arm, und schon sind wir alle fünf an ihm vorbeigewetzt.

Dann sitzen wir in der Bahn – Philine und Minu auf der einen Seite des Vierersitzes, Leander und ich auf der anderen und Emil mit dem linken Bein auf meinem rechten und dem rechten auf Leanders linkem –, und so langsam blicke ich die Lage.

»Du, Janne«, sagt Leander leise, und während er Emil festhält, bohrt sich sein spitzer Ellbogen ganz wunderbar in meinen Arm, »ich weiß schon die ganze Zeit von Laila. Seit wir deine Jacke aus dem Tierheim abgeholt haben.«

»Ach, *ihr* wart das!« Auf einmal geht mir ein ganzes Lichtermeer auf. »Ich dachte, Papa.«

»Eigentlich hatten wir uns danach was ausgedacht, um diese Familie umzustimmen, aber der

Praktikant hat uns eben erzählt, dass sie Laila heute schon ... und da sind wir sofort losgefahren, um dir Bescheid zu sagen. Wir konnten ja doch nichts machen, verstehst du?« Er guckt mich schuldbewusst an. »Wenn wir wenigstens noch rausgekriegt hätten, was für ein Auto die fahren oder so! Aber Ennis meinte, die kämen immer mit den Öffentlichen.«

»Hallo? Jetzt wissen wir sogar, wo sie wohnen.« Philine rollt mit den Augen. »Da sagt doch Minus Mutter gestern Abend in der Konzertpause zu Mama, einer aus dem Orchester wär der Mann von ihrer Chor-Bekannten Silke Krassmann. Mir sind fast die Ohren abgefallen! Minu hat dann zu Hause supercool das Adressbuch ihrer Mutter durchschnüffelt.«

»War ja nicht so schwierig«, sagt Minu bescheiden.

»Und wieso seid ihr dann alle *zusammen* ...?«, frage ich.

»Ha!« Emil dreht sich triumphierend zu mir um. »ICH hab die Mädchen zuerst gesehen. In UNSEREM Hausflur, jawohl. Als ich mit Leander zu dir gerast bin.«

»Und rumgeschrien hast, als wolltest du der halben Welt erzählen, wie brennend es mit Laila ist, Little Mister Undercover!«, sagt Philine streng.

Emil schweigt einen Moment, dann schmettert er: »AUS-STEI-GEEEN!«, und mir entfährt ein ganz aufgeregter Quietscher.

Als wir aber wie die Bekloppten an der Doppelhaushälfte von *Familie S. und R. Krassmann* klin-

geln und kein Mensch aufmacht, kriege ich vor Schock gar nichts mehr raus.

»Sie sind schon weg«, quäke ich, als das panische Gefühl in meine Hände und Füße runterzischt und mein Hals wieder einigermaßen Luft kriegt.

»Hinterher!«, ruft Philine kämpferisch.

»Zur Haltestelle Richtung Tierheim müssen wir über die Straße und dann ein Stück in die andere Richtung.« Leander spurtet voran.

Und japs! Kaum kommen wir wieder an der riesigen Kreuzung an, vor der wir ausgestiegen sind, sehen wir die Tram auch schon schräg vor uns auf der anderen Straßenseite halten, wo sich ein Mann und eine Frau mit zwei Zwergen – hellrosa Mädchen plus geringelter Junge – und einem Kleinzwerg in einer Rückenkiepe – dunkelblau, Mädchen-Junge nicht erkennbar – zum Einsteigen bereit machen.

»Ich glaub, das sind sie!«, piepst Minu hektisch. »Die müssen ganz knapp an uns vorbeigegangen sein.«

Wir rufen *Stooopp!*, und Emil feuert dazu ein paar grelle Warnblitze mit seiner Kamera ab, aber an uns brausen die Autos vorbei, niemand hört uns, niemand sieht uns, und es wird einfach nicht grün.

»Shit!« Philine bearbeitet wild den Ampel-Druckknopf.

Aber als das Männchen endlich umspringt, können wir nur noch zugucken, wie die Bahn mit einem kurzen Gebimmel anfährt.

»Und jetzt?«, frage ich matt.

Schweigen.

Dann kramt Philine in ihrer Hosentasche. »Wer hat sonst noch Geld dabei?«, fragt sie.

»Ich!«, meldet Minu.

»Ein bisschen«, sagt Leander.

»Ich nicht«, mault Emil.

»Höchstens noch ein paar Cent«, murmle ich.

»Dafür hast du ein Handy.« Philine zuppelt die Socke aus meiner Indianertasche. »Janni, ruf uns sofort ein Taxi! Wir nehmen die Krassen beim Umsteigen in Empfang.«

15. Kapitel, in dem es um einen kapitalistischen Taxifahrer geht, um eine vielköpfige Erscheinung und um eine, die drüber geschlafen hat

Ganz so schnell, wie Philine es sich ausgemalt hat, geht es allerdings nicht. Bis das Taxi da ist und wir dem stirnrunzeligen Fahrer erklärt haben, wowiewas wir wollen und dass wir *geschworen!* Geld dabei haben, bis wir alle mehr oder weniger kindersicher im Wagen verstaut und tausend Kilometer durch den Stadtverkehr gekrochen sind, ist die Tram längst über alle Berge. Auch der Hundertzwölfer scheint schon abgefahren zu sein, jedenfalls sitzt niemand mehr im Haltestellenhäuschen.

»Fahren Sie weiter zum Tierheim!«, ruft Leander. »Immer Richtung Flughafen!«

»Habt ihr Geld?«, fragt der Taxifahrer zum tausendsten Mal.

»Geld, Geld, Geld!«, schimpft Philine. »Wie oft wollen Sie uns das noch fragen, Sie Kapitalist?«

Da tritt er wie eine beleidigte Leberwurst aufs Gas, und hui!, kurz vor der Straße, die zum Tierheim abknickt, überholen wir sogar den Bus.

»Sie sind drin«, rufe ich atemlos und presse mein Gesicht an die Scheibe. »Guckt mal, sie steigen aus!«

»AN-HAAAL-TEN!«, brüllt Emil.

Das Taxi fährt rechts ran. Aber leider reicht unser Geld doch nicht ganz, obwohl Minu ganze sechsfünfzig beisteuert, Philine vierzwanzig und Leander und ich unsere restlichen Penunzen. Und der Fahrer will uns auf keinen Fall die fehlenden dreisechsunddreißig durchgehen lassen, sosehr wir ihn auch beschwatzen von wegen Barmherzigkeit und Nächstenliebe.

»Ich spring ins Tierheim rein und leih mir was von Ennis«, murmelt Leander nervös. »Sie können ja mitkommen.«

Im selben Moment spazieren die Krassmanns an uns vorbei, und Philine und ich titschen mit den Köpfen aneinander.

»Das hätten wir auch eher haben können«, stöhne ich.

»Die Baumarkt-Buggy-Glotz-Mutter«, seufzt Philine.

Bei Frau Krassmann scheint auch irgendwas zu klickern, jedenfalls starrt sie uns an wie eine vielköpfige Schreckenserscheinung, als wir auf den Tierheim-Vorplatz stürmen.

»Ihr dürft euch Laila nicht holen!«, brüllt Emil. »Die beißt! Besonders so kleine Futzis wie die da.« Und er zeigt auf die beiden älteren Krassmännchen, die auch sofort ganz jammervolle Gesichter ziehen. Der Ringeljunge fängt sogar an zu heulen.

»*Emil!*«, zische ich, denn SO war Leanders Mission garantiert nicht geplant. Aber Emil guckt sich nur mit seinem Geheimagenten-Spezial-Blick um, und als er sieht, dass Leander schon nach drinnen verschwunden ist, fügt er kurzerhand hinzu: »Eigentlich kommt jetzt die Foto-Schoh, bloß, die geht nur am Computer. Wollt ihr mal auf meinem Fotoapparat gucken, was für Hunde es noch im Tierheim gibt?«

»Aber das wissen wir doch«, schmunzelt Herr Krassmann und nimmt den Heulzwerg auf den Arm, obwohl er schon das Kiepen-Baby auf dem Rücken trägt. »Frau Reinke hat sie uns letzte Woche zweimal gezeigt.«

»Pöh, na und?«, ruft Emil. »Die olle Reinke!«

»Ich bin mir nicht ganz sicher, was das hier werden soll«, Frau Krassmann lässt ihren verstörten Blick von Philine und mir über Emil zu Minu wandern, »aber ich kann euch versichern, dass wir uns ein sehr nettes Hundemädchen ausgesucht haben.«

»Dazu kann Ihnen bestimmt Janni ein paar Takte erzählen«, mischt Philine sich da ein. »Die ist nämlich der weltbeste Profi in Sachen Hund. Ne, Minu?«

»Stimmt«, sagt Minu. Und fügt mutig hinzu:

»Wir verstehen ja alle nur was von Musik, Frau Krassmann.«

Das ist … wow! Und trotzdem versinke ich fast im Asphalt. Für Laila-Vergraul-Aktionen komme ich mir ehrlich gesagt total unprofihaft vor. Vor allem nach Emils stümperhafter Vorarbeit. Leander, der hätte jetzt sicher ein paar clevere Argumente auf Lager, aber ich? »Also, die ist schon lieb«, druckse ich rum. »Vielleicht nur ein bisschen zu tobig für kleine Kinder. Die haben es doch bestimmt lieber … ruhiger?«

»Oho!« Herr Krassmann sieht aus, als würde er sich köstlich amüsieren, obwohl jetzt auch noch der Kleinzwerg auf seinem Rücken anfängt zu krähen. »Diese Kinder wissen gar nicht, was Ruhe *ist*. Meint ihr nicht, da würde Laila bestens dazupassen?«

»Doch schon, nur …«, ich schiele hilflos zu Philine.

»Passt die gar nicht, die dumme Beißerin!« Emil trampelt mir mit Wucht auf den Sandalenfuß. »Die kaut am liebsten auf Kinderknochen rum.«

»Jetzt reicht's aber!«, ruft da eine strenge Stimme von der Eingangstür her. »Was redet ihr denn da für einen Unfug? Bitte entschuldigen Sie,

Herr und Frau Krassmann.« Und als ich mich traue hinzugucken, sehe ich nicht nur Leander und den Taxifahrer die Vortreppe runterhechten, sondern auch Frau Reinke.

»Ich bin ihr direkt in die Arme gelaufen«, flüstert Leander mir ganz bedröppelt zu, während wir in einem langen Zug ins Foyer einziehen wie eine Karawane in die Herberge. »Ennis hab ich nicht gesehen, der ist bestimmt draußen bei den Hunden, und der Taxi-Typ hat die ganze Zeit wegen dem Geld gedrängelt. Tut mir so leid!«

»Kannst du ja nichts für«, murmle ich halsklaßquäkig. »Ich hab sowieso alles vermasselt mit meinem Gestammel.« Und weil es mir fast vorkommt, als wäre ich in einem 3D-Film gelandet und würde alles, was gerade passiert, in echt nur im Kino sehen, bleibe ich stocksteif stehen und beobachte, wie Frau Reinke ihr Büro aufschließt.

»Ich schlage vor, wir erledigen zuerst die Formalitäten«, sagt sie zu der Krassmann-Mutter, ohne Leander und mich aus den Augen zu lassen. »Unser Praktikant bereitet Laila schon für die Übergabe vor.«

»Die beißt aber«, jammert da der Heuler, den der Krassmann-Vater gerade neben seiner rosa Zwergenschwester abgesetzt hat. »Der Junge hat gesagt, die is' böse!«

»Ha-ha«, kichert Emil. »Hast du gehört, Janne?«

Da kriegt Frau Reinke ganz funkelige Augen. »Mit euch möchte ich gleich noch mal ein Wörtchen reden, Kinners«, sagt sie und deutet energisch zur Besuchercouch. »Ich hab ja wirklich viel Verständnis, aber *das* ...!« Dann dreht sie sich mit einem Ruck um, und mein Herz schlägt einen Flickflack. Vor dem Fenster sind zwei Autotüren zugefallen, die klangen verdächtig nach unserem klapprigen Golf, und einen mittellangen Moment später schlurf-stampfen Schritte auf den Eingang zu.

»Nach Ihnen«, brummt Papas Bass, und – *Hammer!* – da schnauft doch wirklich und wahrhaftig Frau Jacobi rein.

»Hier bist du ja, Jannchen!« Sie tupft sich die Stirn mit einem Tempo ab. »Nu wollen wir mal das Lailalein abholen.«

16. Kapitel, in dem Leander eine Werbekampagne startet, ich ein Herz erweiche und Frau Reinke eine Bedingung aufstellt

Was dann kommt, ist extrem peinlich.

Mama!, denke ich, und weil ich mich leider nicht spontan nach Venezuela beamen kann, flüchte ich zur Voliere, wo die Krassmann-Zwerge in der Zwischenzeit angefangen haben, sich *tüteliiii!* mit den Wellensittichen zu unterhalten.

»Immer locker, ja?«, höre ich Papa mit Stresspegel-auf-Höchststand-Stimme sagen. »Ich bin genauso perplex wie Sie! Bis unsere Nachbarin eben angeklingelt hat, um mir in aller Eile beizubringen, dass unsere Janne eine Art Dog-Sharing-Hund für sie reserviert hat, wusste ich von gar nichts!«

»Jetzt wird mir einiges klar«, gibt Frau Krassmann genauso hektisch zurück. »Aber *wir* haben genau dasselbe getan wie ihre Tochter und Laila bei Frau Reinke vorbestellt.«

Frau Jacobi schlägt die Hände zusammen. »Das würd mich jetzt aber treffen, wenn dem Tierheim da ein Missgeschick passiert ist!«, ruft sie bestürzt. »Ich hab mich schon richtiggehend auf das Terrierfräulein eingestellt.« Endcool! Ich meine, hallo? Das klingt ja wohl ganz anders als *Das überrumpelt mich jetzt*. Es klingt nach gewieftem Notfallgetrickse. Und das, obwohl ich heute noch kein Wort mit ihr gewechselt hab. Manchmal ist Emils peinliches Lauthals-durchs-Treppenhaus-Posaunen vielleicht doch ganz nützlich.

»Ich denke eher, das Missgeschick liegt bei Janne«, bemerkt Frau Reinke sachlich. »Aber kommen Sie doch bitte alle in mein Büro, damit wir überlegen können ...«

In dem Moment spüre ich einen sanften Fingertipp am Rücken, und schon bevor ich herumwirble, weiß ich, dass er von Leander stammt, so elektrisiert bin ich davon. »Janne und ich passen solange auf die Kleinen auf«, ruft er durchs Foyer. Dann streifen mich für einen kurzen Moment seine Samtaugen, bevor er sich runterbeugt und den Zwergen zuflüstert: »Soll'n wir euch mal Neo zeigen? Den kennen noch nicht mal eure Eltern!«

Und da durchfährt es mich wie ein Hochspannungsblitz.

»Hä?«, sagt der Praktikant verpeilter als verpeilt. »Ihr wolltet doch dauernd was wegen Laila! Und jetzt geht's plötzlich um Neo, oder was?« Aber dann hat er uns schon Lailas alten Zwinger aufgeschlossen, und uns fiept ein wuscheliger Bernhardinerwelpe aus seinem Schlafnest entgegen.

»Neo, der Neue!«, sagt Leander wie der geborene Werbemensch, nur seine Ohren leuchten dabei lavarot zwischen den Locken auf. »Jetzt noch ein Baby, aber bald schon so groß wie ein Pony.«

»Jiiiih!« Das rosa Mädchen drängt sich an mir vorbei. »Süüüüß!«, und sogar ihr Heulbruder stürzt sich todesmutig auf den kleinen Flauschberg.

Ich bleibe als Türposten stehen und betrachte mit meinem allerverliebtesten Verliebteleute-Lächeln, wie Leander sich zu den Zwergen kniet und aufpasst, dass sie den Winzling nicht vor lauter Verzückung zerquetschen.

»Vorsichtig«, sagt er. »Guckt mal, so!« Er zeigt ihnen, wie man einen Welpen ganz sanft durchknuffelt, und ich fange schon an, mir zu wünschen, ICH wäre Neo. Dann aber sehe ich, wie Ennis mit einer völlig rappeligen Laila-an-der-Leine in den Gang stolpert, und in mir zieht sich alles zusammen. Ach Laila, du spürst selbst, dass irgendwas im Busch ist!

»Soll ich sie lieber nehmen?«, krächze ich, als sie mich wittert und so wild auf mich zusteuert, dass sie sich fast die Gurgel zuschnürt. Und ohne eine Antwort abzuwarten, hake ich die Leine ab, hebe die Nudel hoch und kraule sie hinterm Stehohr, bis wir uns beide ein bisschen beruhigt haben.

Der Praktikant stiert mich an, erwidert aber nichts, sondern klimpert nur – *So, jetzt sagen wir dem Hundchen brav auf Wiedersehen!* – mit dem Schlüsselbund. Ohne Erfolg.

»Oooch, noch niiich'!«, kommt es aus dem Zwinger zurück. Und: »Der ist so niiiedlich«, und: »Viel besser als die böse Beiße-Laila!«

»Na, *so* böse ist die ja nun auch nicht.« Leander schielt entschuldigend zu mir rüber.

»Wir wollen trotzdem lieber Neo haben!«, ruft die Zwergin.

»Wir holen Mama und Papa!«, ruft der Zwerg.

Und wie auf Knopfdruck düsen die beiden los,

dass wir kaum hinterherkommen. »Ne-o, Ne-o«, schreien sie, »Ne-o, Ne-o, Ne-o!«

»Du willst dir doch nicht allen Ernstes einen *Bernhardiner* anschauen, Roland?«, ruft Frau Krassmann, als wir uns kurz darauf mit vierzehn Mann plus Laila auf meinem Arm in Frau Reinkes Büro knubbeln. »Wir haben doch gerade geklärt, dass hier nur ein Missverständnis vorliegt.«

Herr Krassmann, an dem rosa-ringelig die Zwerge kleben und um die Wette quengeln, und der dabei aussieht, als hätte er lange nicht so einen komischen Tag erlebt wie heute, legt beruhigend seine Hand auf ihre. »Angucken kostet ja nichts«, sagt er. »Und irgendeine Lösung muss schließlich auf den Tisch, wenn sich das Mädchen oder vielmehr seine liebenswerte Nachbarin für denselben Hund interessiert wie wir.«

Angestrengt betrachte ich den Deko-Affen auf seiner windigen Palmeninsel, und trotzdem spüre ich, wie Frau Reinkes Blick auf mir landet. Ein scharfer Nachdenkblick muss es sein, so tief bohrt er sich in mich rein.

»Bernhardiner sind sehr kinderfreundliche Tiere«, sagt sie schließlich, und als ich zu ihr hochluge, nickt sie mir auffordernd zu.

Da weiß ich: Ich hab noch eine Chance, und atme zittrig ein. »Bitte, Frau Krassmann!«, sage ich leise und drehe mich Tai-Chi-langsam in Richtung Krassfamilie. »Wenn man einen Hund kennt, seit ihn jemand an eine Leitplanke gekettet gefunden hat, mutterseeleneinsam und halb verdurstet, und man hat sich immer und immer um ihn gekümmert«, ich bohre meine Nase in das Nudelfell, und Laila stößt ein verrücktes Grunzen aus, »dann kann man den doch nicht einfach weggeben! Der gehört doch zu einem dazu! Aber Sie kennen Laila ja erst seit letzter Woche. Sie können sich bestimmt auch an einen anderen Hund gewöhnen und ihn ... lieb haben.«

Einen Moment ist es ganz still. Sogar die Zwerge hören mit ihrem *Ne-o!* auf. Bis es mitten in die Stille hinein schmettert: »Sonst komm ich und hol die für Janne zurück. Ich bin nämlich Geheimagent!«

Als der Bernhardiner-Besichtigungstrupp – Schritt auf Tritt gefolgt von Little Mister Undercover – abgezogen ist, heißt es warten, und das Büro ist so voller stickiger Gespanntheit, dass auch die Ventilator-Palme die Luft nur noch in Scheibchen schneiden kann.

»Oh Mann, Mädchen«, sagt Papa, »Mannomann!«, und verdrückt sich nach draußen, eine rauchen.

»Das war übelst ergreifend, Janni«, schnieft Philine und tätschelt Lailas Kopf, genau, wie sie es immer bei Trinchen gemacht hat. »Wetten, du hast die Krassfrau erweicht?«

Minu nickt. »Glaub ich auch. Außerdem hat sie mich erkannt. Und darum weiß sie, dass wir wissen, wo sie wohnen …«

»… und dass sie sonst keine Ruhe mehr vor uns haben«, sagt Leander, und dann guckt er mich auf eine Art an, die heißt: *Immer nur für dich!*

Ich würde gern irgendwas antworten, aber meine Zunge ist trocken wie die Wüste Gobi und durch meinen Hals flutscht kein einziger Pieps mehr. Da setze ich mich lieber neben Frau Jacobi, die sich in einem fort den Schweiß von Nase, Stirn und Oberlippe tupft, und plötzlich kapiere ich, dass *sie* am allleraufgeregtesten ist. Nicht nur für mich mit. Nein, auch ganz für sich selbst. Sanft schiebe ich die vordere Laila-Hälfte auf ihren endlos leeren Schoß rüber, und so schweigen wir gemeinsam.

Frrrr, macht die Insel-Palme.

Gähn, macht die Schmuse-Nudel.

Grins, macht der Deko-Affe.

Und immer noch warten, warten, warten.

Aber gerade, als ich denke, jetzt zerplatze ich in hundert Billionen Einzelteile, stürzt Emil rein. »Es hat geklappt!«, brüllt er. »Ich hab alles opsawiert.« Und er hält mir triumphierend das Kameradisplay vor die Nase, darauf sind fünf bückende Rücken zu sehen, hinter denen etwas sehr Niedliches verborgen sein muss.

»Dann hat das Hundeelend ja hoffentlich ein Ende«, seufzt Papa auf, der hinter ihm her ins Büro schlappt.

Und mit einem Mal steht Frau Reinke vor mir. Doch hu!, ihre Augenbrauen sind ganz streng zusammengezogen.

»Und jetzt zu dir, Janne«, sagt sie. »Du solltest eigentlich wissen, wie überlastet wir sind und dass die Abläufe in einem Tierheim reibungslos vonstattengehen müssen.«

»Ja-a«, quetsche ich hervor. »Ich …«

»Damit das klar ist!«, fährt sie mir über den Mund. »Ich rücke Laila nur unter *einer* Bedingung an euch raus.«

Mir schauert es heißkalt den Rücken runter. »Unter welcher denn?«

Da beginnt es in Frau Reinkes Chefinnengesicht an allen Ecken und Enden zu lächeln. »Dass du gefälligst weiter mit Leander zur Kindergruppe kommst und hier mit anpackst!«

17. Kapitel, in dem es um Zeigepläne geht, um Überraschungs- und überraschenden Besuch und um einen Nudel-Rauflauf

»Da ist sie!«, schreit Emil, als wir am Sonntag an der Glaswand zur Ankunftshalle kleben und uns fast die Augen ausgucken. »Maaaaaaaaaaaamaaaaaa-aaaaaaaaaa!« Und er hüpft wie ein Gummi-Plopp-

Ufo auf und ab, dass die Leute um uns rum lachend zurückweichen.

Mama hat schon gestern Abend vom *Simón Bolívar International Airport* aus wegen Verspätungsalarm gesimst und heute Morgen am *Charles de Gaulle* durchgerufen, von wegen verpasster Anschlussflieger und dass wir bloß nicht vor halb fünf auf dem Flughafen antanzen sollen. Trotzdem mussten wir noch eine halbe Ewigkeit auf sie warten, da hat es auch nicht viel geholfen, dass Papa mit Emil und mir auf die hitzestauige Aussichtsterrasse gegangen ist und hinterher in eine schlotterkalte Lounge, Bionade trinken.

Aber irgendwann ist ihr Flieger doch aufgerufen worden, und jetzt taucht sie so original mamarig aus der Gangway auf, als wäre sie nie weg gewesen. Nur ein bisschen wirr um die Haare sieht sie aus, als sie sich am Gepäckband aufstellt und uns winkt wie eine japanische Glückskatze.

Und mit einem Mal liege ich in ihren Armen. Natürlich hat Emil sich vorgedrängelt und Mama auch so schnell nicht wieder freigegeben, aber dann hat sie eine eingetütete Flugzeug-Nachtbrille ins Spiel gebracht, für die brauchte er beide Hände.

»Wie du mir gefehlt hast!«, flüstert sie und überschüttet mich mit tausend heißen Mama-Schmatzern. »Ich hab mir in Venezuela andauernd gewünscht, du könntest das alles sehen, Hummel. Die Menschen, die Tiere, das Land ... Irgendwann fahren wir mal zusammen los, ja? Nur wir zwei Frauen. Dann zeig ich dir alles.«

»Erst mal zeig *ich* dir was«, sage ich. Und geheimnisvoll füge ich hinzu: »Heute Abend!«

»Was denn?«

»Verrat ich nicht.«

»Hu, du machst es ja spannend!« Mama lacht und gibt mir den tausendundeinsten Schmatzer, bevor sie sich zu Papa umdreht.

Und gegen das, was dann folgt, können die Leute aus den *Roten Rosen* knutschtechnisch einpacken. Das ist kein Dreiviertel-, das ist DER VOLLE WAHNSINN!

Ich wende mich taktvoll ab, aber ein klitzekleines bisschen muss ich doch ...

»Janne, kannst du mal aufhören, so zu glotzen«, raunzt Papa mich an. Dann küsst er Mama einfach weiter. Der weltschlimmste Macho unter den Softies.

Das Geklingel geht los, als wir gerade bei weit aufgerissenen Fenstern im Wohnzimmer zusammenhocken und Mamas Mitbringsel einweihen: die knallbunte Hängematte für Papa – mit Liegekurverordnung zur dringenden Erholung –, den handgeschnitzten Holzkasten für Emil – als Safe für seine Geheimagentenutensilien – und für mich den Indianerring aus Taguanuss – cremeweiß und oberperfektomatisch schön.

»Machst du mal eben auf, Sonja?« Papa rekelt sich betont erholungsbedürftig in seiner Hängematte und wirft Emil, der schon flitzbereit mit den Beinen zuckt, einen warnenden Du-heißt-nicht-Sonja-Blick zu.

»Vielleicht ist das meine Kruh«, flüstert Emil mir zu, kaum dass Mama im Flur verschwunden ist.

»Leander und Mirjam kommen später«, flüstere ich zurück. Was Emil nämlich nicht weiß, ist, dass Leander sich erst noch mit seinem Papi zum Nicht-Berlin-Wochenend-Skypen verabredet hat. Und wie elend mühsam es manchmal für ihn ist, seine halbierten Eltern unter einen Hut zu kriegen. Nein, das hat Leander nur mir erzählt, heute Morgen, als er mich ganz privat auf dem Handy angerufen hat. Damit ich nichts Falsches über ihn denke, wenn er mich mal wieder warten lässt. Urlieber Funkwellenblick, Sache geritzt.

Aber hibbelig, wer vor der Tür steht, was Mama für Augen macht und ob sie mitspielt bei unserer Überraschung, bin ich auch. Schließlich will sogar Frau Jacobi ... Gespannt linse ich um die Ecke und, *jau!*, da balanciert gerade Felix zwei Bleche Pizza in die Wohnung. »Ich hab gehört, hier steigt die große Wiedersehensparty?«, sagt er und haucht Mama im Vorbeigehen einen Kuss auf die Wange.

Genial eingefädelt!

»Die *was*?« Mama guckt ihm baff hinterher.

»Party«, bemerkt da jemand trocken vor der Tür, und sie wirbelt rum.

»Marc! Ja also ... hier liegt noch mein ganzer Dreckskram rum, ich hab zwei Tage nicht geduscht, aber hey! Ich hänge sowieso total im Jetlag fest.«

»Willkommen zurück, Sonja.« Marc nimmt sie in die Arme, ohne sich um reisebedingte Ferkeleien zu kümmern. »Jetzt kann die Welt ja aufatmen.«

Und so geht es weiter. Alle zwei Minuten *driiing*, neue Gäste, neuer Partymampf. Irgendwelche neugierigen Völkerkundler bringen eine Paella mit,

Philine und ihre Eltern Lachsschnittchen und Minu, Tante Daniela Mousse au Chocolat, nur Onkel Sven, der Schnorrer, kommt ohne alles.

In der Zwischenzeit hat Papa Musik aufgedreht und einen Kasten Bier hervorgezaubert, die Erwachsenen quetschen sich in die Küche, Emil verdrückt sich mit einem ganzen Mousse-Gebirge ins Arbeitszimmer, und Philine und Minu machen ein Picknick in Papas Hängematte. Nur ich halte Stellung im Flur. Weil, langsam müsste Frau Jacobi ja mal kommen. Mit Laila. Wenn sie nicht doch vor ihrem Fernseher ...

Drrriiiiing, macht es wieder, und ich reiße die Tür auf.

Schockschwerenot!

»Man darf annehmen, der Herr Vater ist auch zu Hause?«, fragt Herr Kutschenreuter in den wummernden Beat hinein. »Es überschreitet jegliche Toleranzgrenze, in dieser Lautstärke ...«

Ich stelle meine Ohren auf Wortausfiltern und konzentriere mich ganz auf seine Kermit-der-Frosch-Stimme.

Quak, *dff,* quak, *dff,* quak, quak, quak.

»Ach, Herr Kutschenreuter!«, ruft plötzlich

Mama hinter mir. »Nett, dass sie mit uns Wiedersehen feiern möchten.«

Das Froschmaul schnellt zu, und Herr Kutschenreuter wippt nervös von den Fußsohlen auf die Zehenspitzen.

»Kommen Sie doch rein!«

»Nun«, er räuspert sich, und sein Schnauzer gerät in so wilde Zuckungen, dass er mir plötzlich furchtbar leidtut. »Wenn es die Herrschaften nicht inkommodiert …«

»Nee, nee«, sage ich und winke ihn großzügig an mir vorbei. »Wir können auch die Musik leiser stellen.« Und ich will schon wieder die Tür zuziehen, doch oooh! Unter mir schnauf-trippelt es *Jessesmariaundjosef!* die Treppe hoch, und in der nächsten Sekunde schießt mir die Nudel entgegen. »Warte, Mama!«, rufe ich. »Guck mal, hier kommen noch mehr Gäste.«

Erst sieht Mama aus wie mit dem Klammerbeutel gepudert. Dann werden ihre Augen ganz blank. »Hummel!«, sagt sie leise. Und sie drückt mich, als wollte sie mich nie wieder loslassen.

Nachdem alle Leute ausgiebig die Nudel bestaunt

und sie – bis auf Marc, der irgendwas von asthmabedingter Enthaltsamkeit erzählt – gestreichelt und beschmust haben, nehmen Philine, Minu und ich sie mit ins Kinderzimmer.

»Kann sein, ich borg mir die ab und zu aus, Janni«, sagt Philine und hört gar nicht mehr auf, Laila zu tätscheln. »Ich glaub, Trinchen hätte nichts dagegen.«

Bevor ich antworte, halte ich sicherheitshalber nach Trauerschatten auf ihrem Gesicht Ausschau, aber im Gegensatz zum Abendhimmel, der sich langsam, aber sicher zuzieht, bleibt es unverändert feiersonnig. »Hundertpro nicht«, sage ich beruhigt. »Du hast mir deine Dackelin ja auch manchmal geliehen.«

»Hoppihopp!« Philine lässt sich auf Emils Bett plumpsen, und die Nudel schnellt voll Karacho zu ihr hoch.

»Für so einen süßen Hund würde ich glatt mein Klavier eintauschen«, sagt Minu und guckt zu, wie Laila sich völlig irre auf dem Kopfkissen wälzt. »Aber da würden meine Eltern vielleicht kreischen!«

Ich muss grinsen. Eigentlich ist Minu unheimlich

nett. Nicht nur dreiecksmäßig, sondern wie eine ganz richtige Freundin. Ein Glück, dass wir alle zusammen aufs Gymnasium kommen!

»Früher, als Emil noch so Schiss vor Hunden hatte, hätte ich locker meinen Bruder dafür geboten«, kichere ich. »Ich konnte ja nicht ahnen, dass er mir irgendwann mit seiner nervigen Schnüffelei dabei helfen würde –«

Womm!, in dem Moment donnert die Türklinke gegen das Bücherregal, und es mault emilverdächtig: »Öööh, die Mädchen! Lass uns lieber woanders geheimagenten.«

»Ja, nein, gleich, ich ...«, sagt da die liebste Stimme des Universums. Und als ich mich umdrehe, trifft mein Blick – *Samt und Seide!* – direkt auf ein Paar dunkelblau-graue Augen.

18. Kapitel, in dem alles ganz wunderbar glücklich kommt

»Hallo.« Leander zieht die Schultern hoch. »Da bin ich.«

Da. Ist. Er.

»Äh, ich hab dich gar nicht klingeln hören«, stoße ich hervor. Es ist wirklich komisch. Ich mein, ich kenne Leander in- und auswendig, seine Locken, seine Hundekümmerhände, seine dünnen Beine in den Zip-off-Shorts, und wenn er vor mir steht, ist es trotzdem jedes Mal zum Taumeligwerden.

»Ich hab den ja auch schon durchs Fenster gesehen«, ruft Emil. »Ich und Leander sind schließlich eine Kru-huuh!«

»Moment mal, Emilchen!« Philine schwingt sich energisch vom Bett. »Was heißt hier *Ich und Leander* und *Öööh, die Mädchen*? Schon vergessen, dass wir hier neulich eine übelst gute Crew-Zusammenführung hatten?« Sie packt ihn am Schlafittchen, und Emil reißt die Augen auf. »Eng verflochtene Zusammenarbeit von Informations- und Angriffsabteilung? Alles voll undercover?«

Tocketocketock.

»Darum zischen *wir* jetzt mal ab!«, verkündet Philine und schiebt ihn Stück für Stück vor sich her. »Einen Akteneintrag über die erfolgreiche Operation ›Laila‹ tippen. Am Zentralcomputer.«

Tockeditockeditockedi.

»Deine Geheimfoto-Show musst du uns auch noch zeigen«, fällt Minu ein und lenkt Emil crashsicher durch den Türrahmen. »Und danach die CD einsafen.«

Tockdiditockdiditockdiditock.

»Und was ist mit Janne?«, kommt es aus dem Flur. »Und Leander?« Aber dann klatschen Emils Kleine-Jungen-Füße schon über die Dielen davon, und im nächsten Augenblick klappt die Tür zu.

»Und?« Verlegen beugt Leander sich vor und streichelt Laila, die sich zwischen unseren Beinen hindurchschlängelt wie durch einen Duftgarten. »Gute Party?«

Schnauze, Ohren, Hinterkopf, Schnauze, Ohren, Hinterkopf ...

»Mhm.« Ich nehme mir die andere Nudelseite vor. »Gibt ja auch viel zu feiern.« Halsfell, Rücken, Wedelschwanz, Halsfell, Rücken, Wedelschwanz ...

Es ist eine einzige Janne-Leander-Taumelei.

»Neuer Ring?«

Ich schiele hoch.

Leander schielt hoch.

Streichelfingerkollision.

»Hat Mama mir mitgebracht«, sage ich und lasse meine Fingerspitzen hauchfein an Leanders liegen.

Seine Augen wandern über mein Gesicht. »Sieht hübsch aus.«

»Was jetzt?«, frage ich leicht irritiert.

Unter unseren Händen fängt Laila an zu zappeln.

»Du!«, antwortet er. »Äh, mit deinem Ring.«

Vom Fenster weht ein kräftiger Windstoß ins Zimmer, und Laila saust kläffend auf Emils Bett zurück wie ein Seemann in seine Kajüte.

»Das gibt was.« Leander wendet sich zur Seite und guckt nach draußen. Nur sein rechtes Ohr leuchtet mir entgegen wie eine Sommernachtslaterne.

Und da tue ich es: Ohr fassen, sanft den Kopf zurückdrehen, anderes Ohr fassen.

»Es regnet«, flüstert Leander. Danach sagt er nichts mehr. Sogar Laila gibt einigermaßen Ruhe. Nur der Regen drischt prasselnd die schwüle Hitze aus der Luft, als ich ihn küsse. Okay, nicht so ganz auf die *Rote-Rosen*-Art, aber trotzdem sehr verliebteleutemäßig ... bis die Tür auffliegt.

»Alle Fenster zu?«, ruft Papa. Dann aber scheint

es ihm wurscht zu sein, ob es reinpladdert oder nicht.

»Kannst du mal aufhören, so zu glotzen?«, brummle ich und lasse Leanders Ohren los.

»Sorry.« Papa geht rückwärts aus dem Zimmer. Ein-oder-mein-Freund-Fragen stellt er zur Abwechslung keine.

Es dauert ewig, bis die Gäste aufbrechen, aber irgendwann kriegt sogar Onkel Sven die Kurve.

»Allerhöchste Eisenbahn!«, sagt Mama, als sie den über seinem Stadtplan eingeratzten Emil ins Bett manövriert hat und zu mir die Leiter raufkraxelt. »Ich hab zwar keine Vorstellung, wie spät es ist, aber ...«

»Siebzehn Uhr achtzehn.« Kichernd halte ich ihr meinen Wecker unter die Nase. »Jedenfalls in Venezuela.« Dann stelle ich die Anzeige auf dreiundzwanzig Uhr achtundvierzig MEZ vor und, ultrawichtig!, den Alarm auf kurz vor acht. Die Ferien über bin ich nämlich für Lailas Morgengassi zuständig und in der Schulzeit Frau Jacobi. Jedenfalls theoretisch. Praktisch gehen wir bis jetzt immer zusammen.

»Danke noch mal für den Ring«, sage ich, nachdem ich den Wecker in die Ritze zwischen Matratze und Wand geklemmt hab, und spreize die Finger. »Ich bin ziemlich hübsch damit, oder?«

»Ist ja auch echter Indianerschmuck.« Mama lächelt mich an.

Da schlappt auch Papa rein und will mir einen Luft-Gutenachtkuss zuwerfen, aber es wird mehr ein Gähnen daraus. »Kommst du, Sonja? Den Party-

dreck heben wir uns für morgen früh auf. Und danach muss ich unbedingt programmieren, sonst kann ich mich vom nächsten Auftrag gleich verabschieden.«

»Ach, du liebes Lottchen!« Mama purzelt fast die Leiter runter und hastet aus dem Zimmer. »Morgen früh muss ich ja dringend ins Studienbüro! Mir ist mitten in der Sierra Parima eingefallen, dass ich mich noch nicht fürs nächste Semester rückgemeldet hab.«

»Nee, oder?«, höre ich Papa noch stöhnen. Dann fängt im Bad das Wasser an zu rauschen.

»Typisch!« Ich knipse meine Bettlampe aus, und im kühlen Sommerdunkel durchrieselt mich ein Wunderglück. »Bei uns ist immer Chaos.«

© Privat

Nikola Huppertz

Nikola Huppertz, geboren 1976 in Mönchengladbach, studierte Musik und Psychologie und experimentierte parallel mit dem Schreiben. Heute verfasst sie Bücher für Kinder, Jugendliche und Erwachsene. Als freie Autorin lebt sie mit ihrer Tochter und ihrem Sohn in Hannover. www.nikola-huppertz.de

© Privat

Michael Bayer

Michael Bayer wurde 1971 in Friedrichshafen am Bodensee geboren. Er hat Visuelle Kommunikation in Münster studiert. Nachdem er den Abschluss als Diplomdesigner erworben hat, arbeitete er einige Zeit bei einer Werbeagentur. Heute ist er freiberuflicher Illustrator.

BIETE
BRUDER!
SUCHE
HUND!
Nikola Huppertz

Nikola Huppertz
HUNDEKÜSSE,
MEINE
BESTE FREUNDIN
UND ICH
GULLIVER